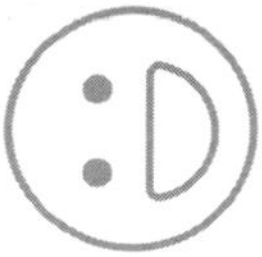

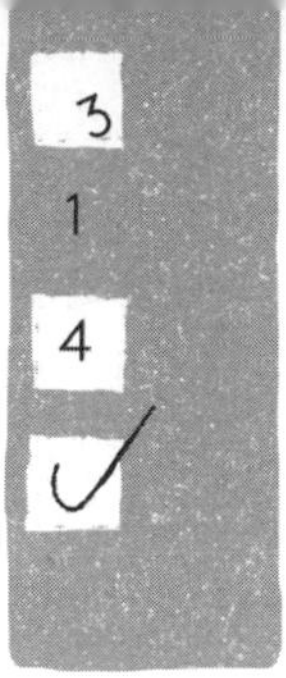

夏一新醫師—著

情緒壓力診療室

克服壓力，
擁有美好情緒

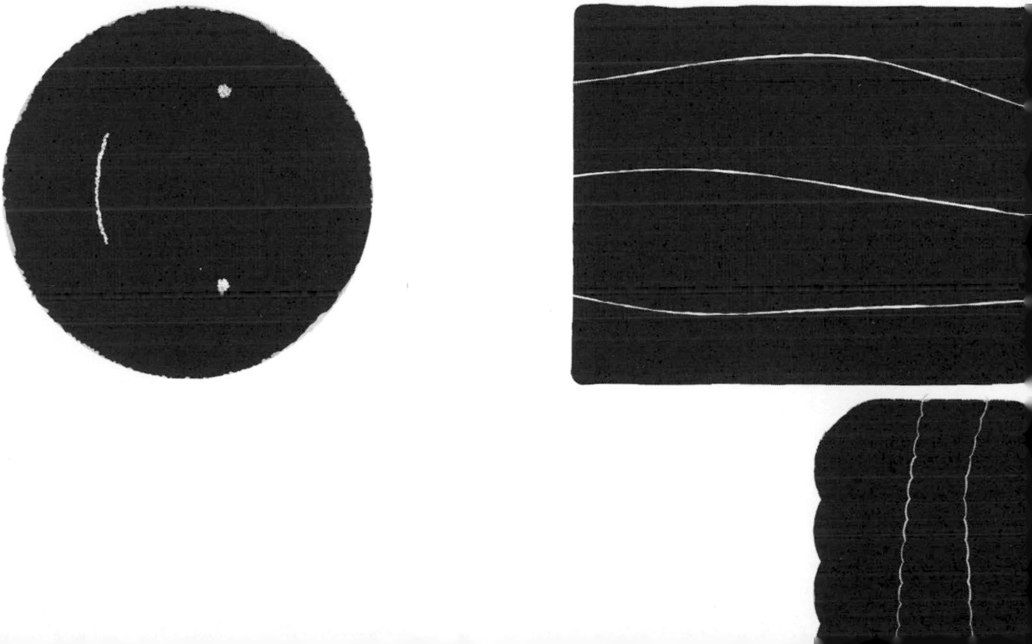

目錄

前言

在本書寫作即將完成的同時，從二〇二〇年開始，蔓延全球的冠狀病毒疫情正嚴重的影響我們的生活，帶來了許多不便。最近幾個月，新一波英國冠狀病毒變異株的散播傳染，肆虐全台，確診個案屢創新高，防疫警戒提升，停班停課，休市歇業，政府積極防疫，民眾齊心配合。

疫情帶來相關的經濟衰退已不能免，在疫情還未能被完全控制的狀況下，大家的心情籠罩著一層壓力，像大風浪前的濃雲密布。這一波的惡浪，會帶來什麼樣的損害，端看大家的心理準備和憑藉。政府自然會按部就班地進行各種的防疫措施，但是個人的心理反應，以及對疫情災害的認知與情緒，則因人而異。

本書所提供的臨床案例，皆為杜撰編寫，雖然每個案例的狀況各有不同，壓力強度大小有別，但都有可能發生在你我之間，能否挺過生命中各種不同難關的考驗，經得起人生風浪的打擊，對於各種壓力的情緒反應，是相當的關鍵。

此次本書寫作的方式，不同於學術論文或教科書方式，也不同於二〇一六年出版，健行文化所印行本人的著作《躁鬱狂潮》，採故事敘述式的臨床個案書寫，加上精簡的評論分析，盡量少用深澀的醫學名詞，或是令人難以理解的醫學背景知識，讓一般民眾易讀易懂，更加容易接近。由於本書的每個臨床案例各自成章，建議讀者在看本書的時候，不用特別從書本第一頁看到最後，可以挑選有興趣的標題閱讀，把每一個臨床案例，當成是「微小說」或「極短篇」來閱讀；另外，也可以跳過臨床案例，直接閱讀精簡的評析部分。

希望能夠利用這樣的書寫方式，讓更多的民眾了解日常存在的各種壓力和內在的不同情緒，是如何導致精神疾患，以及當下該如何面對和處理。本書出版的目的在於協助民眾，在閱讀本書的過程中，無需親身進入診療室，就能夠懂得克服壓力，擁有美好情緒。

在全書的最後，我們附上的「心情溫度計——簡氏健康量表」、網路使用篩檢量表、各縣市心理衛生中心資料，便利讀者使用，以及就近尋求協助。

在這個電子科技發達，網路盛行的時代，紙本書的出刊實在需要很大的勇氣。本人要特別感謝健行文化，願意提供寶貴機會，發行本書。希望藉由本書的出刊，能將本人超過三十年，在精神專科領域，執業的知識和經驗，和一般大眾共同分享。

1

尋找生命的出口

依婷（化名）是個年輕女孩，進入社會工作的時間不長，但也不是剛畢業的社會新鮮人，算是現在大眾所謂的「輕熟女」。記得她第一次來到診所時，臉上的表情仍然能夠感受到她那略帶緊張和不安的情緒，似乎是不確定來診就醫能否找到她想要的答案。

坐在診療室裡，她的雙手交叉緊握，說話時手指微微顫抖，眼睛裡流露著疲倦的神態，眼皮無力地低垂著。她的心裡積壓了很多話想說，但是又找不到出口，或者說，沒有適合的對象可以傾吐。經由會談，得知她已經有很長一段時間，都沒有辦法徹底放鬆和好好入睡了。

仔細詢問她目前的狀況，才曉得八個多月前，她原先工作的公司被併購，她被迫資遣。經過大半年，好不容易才找到新工作，只是要在短期內迅速地融入新的職場，熟悉新主管和同事，著實帶給她莫大的壓力。

源於過去工作的經驗，依婷對自己的工作應是能夠勝任的，但她對自我的要求很高，做事也比別人認真。從她敘述的過程中，發現她說話邏輯清晰，只不過話題一旦觸及她現在的上司和工作環境時，就讓她充滿了焦慮和不安。

「每天一到下班時間，我就恨不得能立刻逃離公司，新人其實也沒有太多工作需要加班，只是礙於主管和同事都還在，自己不好意思一個人先離開，所以不得不跟著一起留在辦公室。」

「每到星期五下午，我就會開始滿心期待，因為終於可以暫時脫離那個令人喘不過氣的空間。在公司講電話，明明是公事，我都要壓低聲音，深怕被主管指責。」

「我以為只要能夠挨到週休例假，就可以好好的放鬆。沒料到假日雖然不必面對嚴肅的主管和陌生的同事，但我似乎擺脫不了工作環境所帶來的壓力，感覺好像永無休止的一刻。」

原來依婷的主管是個很難溝通的人，不僅個性挑剔，脾氣急躁，說話速度快，音量大；遇到下屬犯錯，經常毫不留情面的當眾批評，常常讓人下不了台，和過去她所接觸到的主管完全不一樣。

此外，她的主管經常在手機群組裡交辦工作事項，也不管當時是下班時間或接近深夜，連週末休息時間也常常如此。搞得依婷每次收到Line的訊息都像驚弓之鳥一般，情緒緊繃，深怕主管又要交代她臨時任務或回覆什麼。為了證明自己的能力，及保住得來不易的飯碗，依婷只能上緊發條，隨時stand by，接受一次又一次，突如其來的工作要求。

有時候，她試圖向主管解釋自己的想法和建議，得到的都是不客氣的批評。不知道有多少次，依婷都想辭職不幹，但想到在台北的昂貴房租、生活費，以及未付完的學貸，只能選擇忍氣吞聲。

不想讓住在南部的父母擔心，也不希望自己的遭遇被同學和朋友們知道，徒增大家的煩惱和同情，她一個人默默忍耐著，也不知該去哪裡尋求協助。

經歷了許多個輾轉難眠的夜晚，她甚至有過拋下一切就可以解脫的想法。但最後，還是只能一個人在租來的套房裡放聲大哭，或是開著電視，視而不見，茫然的坐著。

為了發洩這種無處可說的負面情緒與心理壓力，她買過好幾次速食店的全家餐，和超大杯的手搖飲料，也曾抱著一整桶冰淇淋自己一個人吃完。剛到公司時，新環境的工作壓力，已經讓她的體重增加了五公斤，比起她以往任何時候都還胖。

直到有一天，她再也受不了鏡中的身形，以及內在脆弱不堪的自己，終於選擇尋求醫療協助。

評析

現代人工作繁重，職場壓力往往是造成身心失衡的一個重要因素，如果情況一直持續，甚至惡化，很有可能導致情緒障礙，身心疾患。

針對依婷的情形，立即需要處理的是緩解她的生理症狀，諸如緊張、焦慮及失眠。一般初診，患者都會先服用三到五天份的抗焦慮藥及助眠劑，大多數初次就診患者，在接受這樣的治療後，緊張不安的情緒可以緩解，失眠獲得充分改善，憂鬱的情緒及負面的想法大都會跟著改善。等到患者回診後，再詢問病人吃藥的狀況與反應，並且叮嚀病患，有問題要隨即保持連絡或回診。

對於許多人而言，改換工作，調整單位，或是晉升職務，都是身心壓力的重大來源。就任新職時，大部分的人都會全力以赴，當然就會有極大的身心壓力要面對。這時候，就很容易出現職場壓力症候群、身心症、精神官能症、自律神經失調、失眠、焦慮、緊張、恐慌、不安，甚至憂鬱。

因此在職場上如何把工作做適當的調配，減輕工作的負擔，讓生活保持平衡，是很重要的。當然在工作單位裡的人際關係，保持和諧良好的狀態，是有絕對的必要。

另外必須提醒一般大眾的是，有不少的病患，已經在接受諮商或心理治療，如果超過一定時間，壓力症候群導致的身心症狀仍然持續，甚至變得更嚴重，就應該要到身心精神科就醫，接受精神科醫師的專業診斷及治療，避免疾病被延誤。

2 職場新人第一課

阿國（化名）剛退伍不久，就順利應徵上一家公司的網路小編，可是這貌似風光的網路小編，工作內容卻是包山包海，無所不能，包括各個網路社群和各大網拍平台的經營與管理，還要即時回覆顧客訊息、處理訂單以及相關產品的售後服務。

除了文字稿撰寫是基本功之外，還要身兼商品拍攝、美編修圖、影音剪輯，對於廣告文案、廣告投放和行銷企畫、活動發想也要有幾把刷子，誇張的是工作內容還包括掌握商品的進銷存貨，數量清點與控管。

沒進入這行工作之前不曉得，只覺得是時下很流行的新興行業，但真的投身進入後才發現：所謂的「網路小編」簡直是電商界和媒體界的超商店員，若說是一個人當三、五個人來用也不為過。要面對這排山倒海般的工作，即便是像阿國這樣體力充沛的年輕人，著實也感到吃不消。上班不久後，就已經面臨到有時必須加班，才能勉強完成工作的壓力了。

如今社會消費意識抬頭，網路購物蔚為風潮，大家都習慣網購，不但可節省出門尋找商品的時間和車資，同時也免去舟車勞頓，省下的錢拿來付運費倒也剛好。如果真的不喜歡購買的商品，還可以在七天猶豫期退貨。所以阿國的工作倒也沒有什麼淡旺季之分，就是一直持續的忙碌著。

聽幾個比較資深的同事說，如果再碰上特殊的活動檔期，例如：母親節、父親節、開學、週年慶，以及近幾年流行的雙十一和黑五購物節，全公司起碼有半個月以上忙得人仰馬翻，加班到深夜和凌晨更是家常便飯，那個才叫做「空前浩劫」和瘋狂忙碌，真的會忙到讓人「厭世」。

開始工作之初，阿國心想這是他的第一份正式工作，無論如何都要做出成績來，可以讓父母和女朋友安心，至少做滿一年之後再考慮其他的發展，如果工作表現不錯，也許還會有加薪升職的機會。

後來也碰到幾次所謂的特殊檔期，阿國漸漸覺得工作內容與薪資不成正比，而且下班後也得隨時 on call，線上答覆來自網友的各種奇怪問題。種種情況讓阿國覺得有些倦怠，有時候晚上躺在床上想睡覺，即使身體感到很累但仍難以入睡，難免造成白天有些精神不濟，無法集中注意力，甚至疲累倦怠，意興闌珊。

主管也察覺阿國的工作態度不如剛進公司時那樣積極，甚至有幾次問他問題竟然答不上來。還有一回，臨時交代阿國處理的急事，他竟然忘記了，差點和廠商產生合約上的糾紛，幸好公司及時介入，才免於賠償問題，諸如此類一些工作上的小紕漏，也漸漸造成主管對於阿國的負面印象。

阿國的主管是個講話很直接的人，常常會說：「你不行就講」，或者是「做不到你就說」。但是聽在阿國耳裡，卻是一種貶低的說法，彷彿對方覺得自己工作能力很差。阿國總是忍著火氣回答：「沒問題，我一定會努力做到。」

最近又即將迎來耶誕節和跨年了，這個檔期對於許多電商而言，當然是不容錯過的商機，阿國手上自然也有許多正在進行的專案，幸好這一陣子每天瘋狂加班，工作即將進入尾聲。阿國也答應了交往三年的女友，和她家人一起吃飯，為了這一天，阿國更是早早做了各種準備，以便討好女友和她家人的歡心。

在和女友家人聚餐的前一天，主管臨時決定隔天晚上要做一個現場直播，來提升會員的互動，以便刺激買氣，和競爭品牌搶奪市占率，而且還大手筆的決定加碼送贈品。

阿國試圖表達自己明天有事，加上這場直播活動太過突然，事前準備不足，一旦出現狀況恐怕會來不及反應。再者，宣傳時間不夠充分，他擔心當天收看直播人數太少，場面不夠熱絡，銷售數字會很難看，但主管覺得這只是阿國的推諉之詞，仍然決定要進行直播。

阿國猶如熱鍋上的螞蟻，焦躁不安，既沒辦法打消主管想做直播的念頭，也無法取消和女友一家的餐敘，他著急的打電話和女友溝通，結果當然無法得到對方的認同，因為是早就約好的正式見面，連餐廳都是在一個月之前事先預訂的，在不得已的情況下，阿國還是失信於女友一家人。

直播當天果然如他所料，中場訊號中斷而且無法即時修復，引來網友們的一陣撻伐和攻擊，認為加碼送贈品只是噱頭，欺騙大眾。網路上的留言極為犀利，媒體的後續報導也跟著強烈抨擊，造成公司的網路聲量大跌，還引起話題和討論。

主管為了向高層交代，推說是負責直播的阿國辦事不力，才會造成公司的損失。阿國難忍這口氣，也不想揹黑鍋，一氣之下跑到主管辦公室與之發生激烈爭執，還揚言要辭職。主管在氣頭上也譏諷他：「別以為你的工作能力有多好，我早就不想用你了！」

盛怒之下，阿國立刻收拾東西走人，回到家後越想越不甘心，原本就是主管一意孤行才造成錯誤，現在卻要他扛責任，更糟的是，自己還因此丟了工作，甚至在女友的父母面前成了一個沒有信用的男人。

於是阿國利用職務之便，進入公司的社群平台，刪掉所有帳號，讓公司幾年下來的經營成果化為泡影，想藉此報復主管，讓他難看。沒想到，竟然引發公司決定要對阿國提告，一時之間，阿國情緒崩潰，跑到公司大吵，甚至和主管發生肢體衝突，並摔壞他辦公室的物品。

阿國的女友後來才曉得事態嚴重，因為阿國不僅情緒失控，也因為面臨失業和法律糾紛的雙重困境，惡性循環下形成更嚴重的失眠和一些破壞與暴力問題，於是和阿國父母一起設法帶他尋求緊急的醫療和法律上的協助，以避免更多的不幸發生。

評析

從學校畢業進入職場，需要先經過一段尋找工作的過程，在找工作的期間，相信許多職場新人都歷經了不少困難。當好不容易找到工作，走馬上任，總是希望在工作上努力學習，累積經驗，得到長官及同仁的肯定。

然而，現今的職場環境並不是新人所想像的那般簡單。由於現在處在經濟不景氣的年代，過去那種「錢多，事少，離家近」的榮景早已不再，嚴重短缺的人力、繁重複雜的工作、不定時的加班，甚至會遇到情緒不穩定的主管，受到批評責難、面對冷嘲熱諷，甚至長期冷暴力相向。在今日，職場新人所面對的挑戰，相當嚴峻。

要能夠成為一位稱職的職場新人，在工作環境中遊刃有餘，和同事及長官們相處如魚得水，在進入職場前，新人必須要多所瞭解與準備。隨著每一個新人的心理素質和情商高低不同，對於繁重工作壓力，長官的責難與批評，情緒反應也會不盡相同。

首先要察覺工作壓力是否超過自我的能力，如若不能勝任，則會產生焦慮和憂慮。大部分的人會用較為負面的方法，來看待工作上所遇到的困難，譬如說把事情災難化，小事情大反應，用斷章取義的方法解釋他人的意思，過度的類推及聯想；二分法，非黑即白，沒有中間的折衝餘地，固執於自己的意念及作為，欠缺考慮他人的立場。

除此，還要有自我知覺心理內在情緒的能力。察覺自我情緒的方法可以有幾個步驟，第一：我現在有什麼情緒？第二：引發我現在情緒的事情為何？第三：當我感覺到目前的情緒時，身體有什麼樣的生理反應，腦海閃過什麼樣的念頭，我覺得問題應該是什麼？如果希望事情改變，接下來該怎麼做？

察覺工作壓力過大與否，知覺心理內在的負面情緒，再來考慮如何因應。切莫因為一時情緒，衝動言語，魯莽行為，造成不堪設想的後果。

在工作團隊中，必須具備高度認同感、忠誠心和熱忱，學習和同事及長官進行良性的溝通，多多吸取正向回饋，增進團隊合作能力，持續學習反省，並願意改變行為態度，加強自我對於突發或緊急事件的處理能力。當然還有對外尋求支援與協助，取得同仁的理解與協助，改善自我工作能力，增進心理內在正面能量。

對於剛入職場的新鮮人來說，特別是第一份工作最為辛苦，畢竟離開學校後，原來學習的各種知識在職場上，很少或很難使用得上，一切皆是從零開始。這樣的認知是職場新鮮人必備的第一課。

3

面對不完美的人生

Jo（化名）個性好強，大學畢業後，在工作上努力付出，拚命往上爬，目前她已經是一家百大企業的高層主管。她和先生兩人，一個在北部工作，另一個因為調職而獨自住在中部，彼此工作都忙，偶爾週末才會見面一次，算是處於半分居狀態的「週末夫妻」。

Jo雖然年齡逾四十多，但由於沒生孩子，總是打扮得光鮮亮麗，身上都是名牌服飾，在周遭人眼中，她是個有品味、懂得生活的現代成功女性。

她總是穿著一雙高跟鞋，穿梭在各個客戶的公司與談判場合中，她走路的速度常常快到讓人跟不上，每年公司新進來剛畢業的年輕女生，或是寒暑假來實習的工讀生，都得小跑步才能跟上她的步伐，即便是她手下的老將，也常被Jo旺盛的活力搞得吃不消。

她的生活極為規律，每天早上固定要到健身房慢跑一個小時，盥洗過後便會直接到辦公室上班。她的工作能力超強，凡是和她合作過的客戶們都讚不絕口，不過一旦在談判桌上或是會議討論，她強勢的作風與氣場，總是讓她身邊的人有些害怕跟她對談。

Jo對自己非常有自信，遇到她自認為對的事，或是觸碰到她的原則和底限，即使是老闆，她也絕對力爭到底，不輕言讓步。所以，每每都能見到在會議室裡情緒高昂的Jo，振振有辭的和人爭論。時間一久，其他部門每當遇到彼此立場不同，或是利益衝突的時候，大家對如何和她溝通總是頭痛不已，十分抗拒。

而她部門裡的部屬，也常因為受不了她對事物的高標準和高壓的管理方式，以及過激的情緒反應而屢屢敗退，不是因此申請轉調部門，就是身體撐不下去而遞辭呈，所以她帶領的團隊也是公司流動率極高的部門之一。然而Jo卻認為：「現在的年輕人抗壓性太差，才會無法久留。」

今年公司延攬了一位具有海外學經歷背景的高層主管來擔任副總經理，要對公司進行「體制調整」與「人事瘦身」。當這位新來的副總和Jo面談時，Jo卻認為這是老闆對她的不信任，打算要來分權和架空她，因此她對這位新來的「空降部隊」敵意頗深，言詞上也是寸步不讓。

副總經理在和所有的人談過後發現：Jo的業務能力雖強，但是她過於情緒化也是公司在管理上的一大困擾，也造成人員流動和不必要的人事訓練成本。因此，副總在和老闆深談過後，決定將她調到中部擔任分公司的主管，以便重整北區營業部門的人員，並且安排新的教育訓練事宜。

但是Jo在得知這個決定後，產生一種被雙重背叛的感受，一來她長期為公司盡心賣命，大多數的業績幾乎都是來自於她的努力，老闆竟然用這種「明升暗降」、「兔死狗烹」的方式來對她，讓她覺得這麼多年在公司的付出相當不值。

再者，她聽聞部屬對她的評價和描述，更覺得怒不可遏。她自認為向來是個賞罰分明的人，當屬下表現優異時，她從不吝於請客和獎勵，沒想到大多數的人竟然給出這樣的負面評價，導致公司對她祭出調職的處分，更讓她覺得背後被人捅了一刀。

接獲調職消息的那天，Jo快速地走進她的辦公室，重重的摔上門，將桌上的文件和雜物摔得頻頻作響，同事還聽到她憤憤不平的講著電話。那段時間，辦公室猶如刮起一陣暴風雪，每個人都噤若寒蟬，低著頭悶聲做事，不敢抬眼，深怕一個不小心和Jo對上，得承受那種凌厲苛責的目光。

後來Jo明快地決定提出辭呈，當她告訴老闆時，卻看到老闆似乎早已預料到她的反應。這是因為她和老闆有著多年的革命情感，彼此早已像朋友一樣，對於她的個性也知之甚詳。

老闆語重心長的勸她收斂鋒芒，改改脾氣，並且試探性地問：「妳不是長期都睡不好，需要靠安眠藥才能入睡嗎？要不要換個醫生看看，也許會有轉機。而且調到中區，那裡的訂單量和業績初期也許不如北區，但至少壓力不會那麼大，未來的發展是很有潛力的，或許對妳目前的狀況會有幫助，加上妳先生也在那裡工作，夫妻長期分隔兩地總是不好。」

Jo知道老闆說的是事實，只能靜默不語。

「我先給妳一段長假，妳把狀態調整好再去報到，我會等妳。況且我們是多年的戰友，失去妳，我就像少了左右手一樣。妳能不能考慮一下我的建議，先找個醫生調整一下自己的狀態？」

於是Jo透過老闆的介紹而來到診所，告訴我們關於她一路走來的故事。

評析

「鐘鼎山林，各有天性」，每個人在職場上的自我要求和表現均不相同。對於工作能力卓越的現代職工而言，追求完美與成功是一種展現自我價值的機會，但人生不如意十之八九，每個人或多或少都會在工作和生活上遭遇挫折和打擊。如果無法適時抒發壓力，排解困境，長期下來極有可能會造成情緒障礙，影響工作表現，危害人際關係。

一般而言，追求完美主義者會想盡全力把工作做好，對自我設立高標準，也會希望下屬和同仁能夠把事情做得盡善盡美，深信他人對自我寄予厚望，如果達不到高標準的工作期望，則容易自責、內疚，表現出憤怒或懊惱，經常責怪他人或下屬，更有甚者，會行為失控、歇斯底里，或者破口大罵，導致職場上的人際關係十分緊張。

對於完美主義工作者而言，追求卓越是他們心中的目標，不達目的，絕不罷休。在工作時會格外注意每件事物的細微處，甚至到吹毛求疵，不可理喻的程度。他們的固執性格，加上外在工作及內心壓力，常會令患者走向極端，變得頑固、專制和神經質。

一旦遇到挫折或是打擊的時候，就會出現挫敗憤怒的情緒，無法自拔。嚴重的話，甚至因此產生身心精神疾患，譬如焦慮症、恐慌症、失眠症、精神官能症、身心症、重度憂鬱症，或躁鬱症。

對於工作能力較強的職場中高階主管而言，會十分在意別人的評價，渴望受到同仁和上司的肯定和讚美。為了把工作做好，往往事必躬親，鞠躬盡瘁。對於這類患者，我們會建議把工作的標準放低，不需要時時處於備戰狀態，輕鬆的面對不完美的人生。

若以上減低身心負荷及工作壓力的方法，還是沒有辦法改善已出現的身心症狀，則應該尋求專業醫療人員的協助。臨床診斷除了包括患者本身的完美主義性格，目前所面對的身心壓力，還要進一步確認是否同時還有其他潛藏的身心疾患。

4

看見自我的價值

小齊（化名）今年四十一歲，已經離婚多年，育有兩個女兒，一個正要上大學，另一個才剛升上高中一年級。目前她在一所私立大學擔任行政人員，她的穿著打扮極為時髦，加上纖細瘦長的身材，完全看不出她真實的年紀。

最近她因為兩個步入青春期的女兒，開始有些叛逆的言行舉止，讓她幾乎操碎了心。大女兒除了每天熬夜畫畫，準備學校的功課之外，也經常上網和網友聊到天亮，最近還開始學著化妝打扮，穿起了短裙，並和網友約好要見面。無論她如何苦口婆心的勸導和厲聲責罵都沒有用，真的讓她傷透了腦筋。

而前夫也在離婚不久後，就把外遇的對象帶回家住，雖然握有女兒的監護權，但是和兩個女兒的關係並不好，最近甚至要女兒們稱他再婚的對象為「媽媽」，小女兒因為看不慣父親的作風，對於姐姐的行為也不認同，因此經常不客氣的怒嗆爸爸和姐姐，父女間也時有爭吵。

有時小齊煩惱到不能入睡，只能一個勁的每天拚命清洗家裡所有器具、衣物，洗到沒東西可洗時，她就接著擦地板，甚至地板都已經乾淨到發亮了，她還是一遍又一遍的擦。上班時也經常有些恍惚和心不在焉，最後經由同事介紹，小齊才來到診所求助。

她原本是一個上海姑娘，年輕時因為先生外派到大陸工作而認識。小齊為了追求愛情，不顧家人反對，毅然決然地一個人遠嫁來台，割捨在上海的家人和她所擁有的一切，成為大家口中的「陸配」。

剛來台灣時，因為人生地不熟，在這裡不但沒有工作，也沒有親戚和朋友，每天只能待在家裡，守著先生等他下班。日子久了，先生對於小齊這種「緊迫盯人」，完全把生活重心放在他身上的壓力，感到喘不過氣來。但小齊也只是找不到一個可以說心裡話的人，每天在家只能機械式的清潔打掃、看看電視和報紙，然後做好飯菜等著先生回家。

小齊在家原本也是備受疼愛的嬌嬌女，父母從不曾讓她做過家事，更別說是煮飯、洗衣這種柴米油鹽的工作。為了另一半，她所有的一切都得從頭學，而且還得融入和適應全新的環境。就連講話口音，她也極力學習模仿，如果不是特別留意，甚至聽不出來她是道地的上海人。

結婚幾年後，小齊陸續生下了兩個女兒，忙碌的育兒生活讓她有了全心投入的重心。這樣幸福甜蜜的四口之家也算得上是人人稱羨，和樂美滿，雖然和她想像中的婚姻生活有點不同，但是對於小齊來說，她很滿足目前的生活，似乎也無法要求更多了。

先生卻在小女兒上小學那年外遇了，發現真相的她大受打擊，為此還和先生有過多次激烈爭吵。兩人因為嚴重口角，有幾次，先生甚至動手打了她，心高氣傲的小齊當然無法忍受，最後兩人協議離婚。

但是離婚後，小齊的災難與惡夢才正要開始。

隻身一人在台的她，不僅沒有工作，沒有存款，就連要爭取女兒的監護權也是空談。法院最終把兩個女兒判給了先生，從孩子的角度來思考，一個安穩的環境當然是更合適的選擇；不過對一個母親而言，孩子從身邊被硬生生的分開，有如椎心刺骨般的痛楚，令人難以忍受。

拿著前夫給的贍養費搬出來後，在家裡附近和人分租了一間雅房。起初，她終日以淚洗面，不知道自己多年付出所為何來，她相當後悔，當初如果聽父母和姐姐的話，留在上海找個合適的對象結婚，即使和另一半有什麼不愉快，她也有個避風港可以回家。

然而這一切都是自己的選擇，只能怪自己識人不清，被愛情沖昏頭，才會落得這樣的下場。偏偏和自己有著血緣關係的兩個女兒還不能待在身邊照顧，有好幾次，她甚至很想一了百了，但想到女兒還需要她，不能讓她們那麼小就失去了媽媽。更何況，遠在上海的父母和姐姐還不知道她離婚的事，她不能這樣不負責任的一走了之。

無法陪在女兒身邊照顧她們，因此她只能在看到兩人最喜歡的卡通玩偶時，一一買回家。頭幾年，女兒總是很高興能夠拿到媽媽送的禮物，後來家裡逐漸堆滿了玩偶，加上女兒們漸漸長大，也對玩偶失去了興趣，前夫也曾嚴正警告她，不要再買玩偶給女兒；可是在她自己的住處，到處擺滿了布偶，這不僅是她對女兒的一份心，也是少數她能夠為女兒做的事。

而小齊的父母也在前兩年她帶孩子回去探親時，才得知她的境遇，並且心疼的給了她一大筆錢，告訴她如果在台灣過不下去就回上海。可是兩個女兒都在這裡，她怎麼捨得自己一個人回去呢？

後來在一個同鄉姐姐的勸說及幫助下，小齊找了份兼職的工作，並且開始念書準備考碩士，以便將來能找一份薪水高一點的工作。她決定要先自立，等到有一天能夠完全靠自己的力量站起來，才有機會把女兒接來一起住。

為了考上好學校，她開始努力念書，幾乎把所有的時間都拿來讀書，難得能和女兒見面的時候，則是她唯一的休息機會。準備了兩年，在得知考上的那個星期，她每天都十分興奮，想到以後終於有機會可以把女兒接回來一起住，她就激動得不能自已，她不但立即找了房仲到處看房子，並且在一個星期之內迅速訂下一間套房，想像著未來和女兒一起住的情景。可是女兒們卻因為年齡漸長，而有了青春期的各種問題，她即使想管也是鞭長莫及，只能自己一個人焦躁不已的坐困愁城……

評析

許多女性結婚後，往往會以家庭和子女為全部的生活重心，不曉得也要珍愛自己。如果夫妻感情失和或失婚，一時找不到想投注的心力所在，很容易產生焦慮不安，甚至低潮憂鬱的情緒。

失婚患者其實在離婚前，已經經歷過非常巨大的心靈風暴。在婚姻生活中，發生了意外的狀況，譬如另一半外遇，可能使得原來甜蜜的婚姻，變成相互傷害、彼此憎恨，最後則以離婚收場。通常一般失婚患者往往會經歷許多負面情緒，包括憤怒、怨恨、失望、羞愧、內疚、焦慮及憂鬱。

其實一段婚姻的結束，並不代表個人的失敗，反而是有一個機會，讓自己能夠坦誠面對自我，尋找自身的真正價值，擁有改正錯誤的決心，追求自己應有的人生幸福。

然而這對大多數失婚者而言，卻不是那麼容易做到。因為要面臨重重的困難，許多內在與外在的壓力一起襲來，一個人獨自面對如此龐大的壓力，要從容的調適心情、揮別傷痛，談何容易？可能需要家人在情感上溫暖的支持，專業人員的協助，方能讓時間慢慢地療癒傷口。

嚴重的焦慮症患者，會出現急性的強迫症狀，例如持續性的強迫意念，腦海反覆出現和骯髒及污染有關的想法，明明知道這並非事實，卻無法停止這樣的想法。也會有重複性的行為產生，包括反覆地洗手、擦拭、清洗行為。

有的強迫思考是害怕、擔心及懷疑，必須反覆的檢查，出現不斷地檢查門窗、關瓦斯，甚至耗費許多時間，直到自己放心為止。當然患者也會自覺這些症狀是多餘，不合理和荒謬的，但卻無法阻止和抗拒強迫症狀的出現。更有甚者，患者會有嚴重的儀式化行為，或是症狀呈現慢性化。

大部分強迫症的患者，約有百分之五十到百分之七十在發病前曾遇到壓力事件，他們一般都不願意讓別人知道，而刻意隱藏強迫症狀，一直到患者無法忍受症狀的干擾，太過痛苦，家人又不勝其煩，才會由家人半強迫地協同就醫。

治療強迫症，較常見的方法包括藥物治療、行為治療及心理治療。患者在治療後，病情大都會有所改善，但也有一部分患者的治療效果不佳，強迫症狀頑固，患者和家屬需和專業人員長期配合。患者盡量放鬆心情、減輕身心壓力、降低焦慮、規律生活、清淡飲食，避免攝取含有咖啡因的飲料、早睡早起、適度及規律的運動，則可減低強迫症所帶來的生活上的影響。

5

從容面對退休生活

年輕時，老徐（化名）就依照家裡的安排和太太相親結婚，高中畢業的他，娶了一個小學畢業的太太。老徐是傳統的客家子弟，自然是聽不懂閩南語，可是他太太卻是只會講閩南話的「本省人」，對於客語根本是「鴨子聽雷」，婚後太太幾乎都是用半生不熟的國語和他溝通，只有兩人在吵架或是碎碎念時，才會用各自的「母語」抱怨。

在鄰居和親友眼中，老徐雖然話不多，不過他個子挺拔，人長得帥，待人處世也非常客氣有禮，對外的公關形象也很好，是個標準的「老派紳士」。

老徐個性低調內斂、態度寡淡，平常也不愛跟人交際應酬，下班就是回家坐在沙發上看電視，他的太太卻是草根性重，為人熱情開朗，交遊廣闊，經常到親友鄰居家串門子，或是相邀出遊。從各方面來說，兩個人根本是南轅北轍、截然不同，但卻因為媒妁之言而結婚。

他平常話不多，對孩子的管教也少，但是孩子們卻都很怕他，是個很有威嚴的父親。夫妻倆平常各忙各的，或許也因為如此，大兒子在國中時被一些小混混盯上，剛開始是霸凌欺侮，使喚幫忙寫功課、跑腿，再來漸漸演變成勒索錢財，最後兒子因為和這群小混混相處久了，竟也開始跟著蹺課、逃學和抽菸。

排行老二和老三的是兩個女兒，老四則是年齡差距稍大的小兒子，正因為有了前車之鑑，所以老徐夫婦把兒子和女兒的學籍轉到另外一個學區，並且開始接送孩子上下學，希望能避免步上大兒子的後塵。

從那時候起，老徐對子女的管教就非常強勢和嚴格，兩個青春期的女兒不時也會有小小的反彈，偶爾頂嘴、抗議什麼的，尤其老三的個性好勝，常會跟父親槓上，自然也經常挨打受罰。最小的兒子從小成績都比哥哥姐姐們好，老徐夫婦自然把所有的希望都寄託在他身上。

不料，在小兒子高三的那一年，正是大學聯考前至關重要的一年，學校老師告知，兒子和同班女同學談起了戀愛。兩人都是高三生，談戀愛勢必對學業和考試成績有所影響，在校方和雙方家長的強力反對下，兩個人不得已被迫分手了，中間當然歷經很多次的家庭革命，還造成了老徐父子之間的關係緊張與對立。老徐幾度氣得放話說：「如果考不上國立大學，你要自己想辦法付學費！」

後來，小兒子的聯考成績出爐，考上一所私立學校，小兒子的個性和老徐頗為相似，自尊心強、也愛面子，所以從上大學那一年暑假開始，就半工半讀賺學費和零用錢，當然跟老徐之間的父子關係也漸行漸遠，彼此間不但沒有共同話題，同住一個屋簷下，甚至都難得見上一面。

夾在中間的太太也是左右為難，礙於老徐是一家之主，不得不聽先生的話，但多少對他也有些怨言。因此，老徐跟子女之間的關係並不親近，大家有事多半都找媽媽商量，直到孩子們成年後，都有了自己的家庭跟下一代，也搬出去住，家裡就只剩下老徐和太太兩個人。

老徐在工作上表現傑出，但對家事和生活常識卻是一籌莫展，長期以來，家裡都是靠著太太在操持和打理，近幾年太太因為身體不好提早退休，竟檢查出有心臟病和高血壓，還為此住院接受治療，因此平常不能太勞累，也不可有過激的情緒反應。以往有些大男人主義的老徐經常對老婆頤指氣使，嫌東嫌西，但目前老婆的健康狀況讓他也只能自己生悶氣，暫時把情緒往肚子裡吞。

老徐和太太早年日子過得苦，肩上背負著養家活口的重擔長達數十年，不過他們那個年代的人，每個人都是這樣走過來的，況且養家本來就是身為一家之主的責任與義務，他覺得倒也沒什麼好誇口的。

最近老徐才剛辦理退休，這條極其漫長的路對他來說，像是終於可以卸下重擔，徹底的鬆口氣，休息一下，過自己想過的日子。本以為退休後的生活是人人所嚮往的，自己也期待和計畫了很久，可是不曉得為什麼，退休後的生活總像是少了些什麼，總讓老徐感覺心裡空了一塊，有點失落，生活變得索然無味。

雖然在朋友的建議下，安排時間固定運動，或是參加社區舉辦的一些活動，但因生活一時找不到重心，老徐也不曉得除了這些，自己還能做些什麼，因此他的脾氣也變得越來越古怪與陰晴不定。不但晚上總是睡不好，翻來覆去的，白天睡午覺又常常一睡好幾個小時；要不就是早早起床，坐在客廳裡唉聲嘆氣，讓老婆和週末偶爾回家的兒女們都覺得，老徐似乎變了一個人，不但越來越難溝通，情緒上也變得暴躁易怒，難以相處。

每個月孩子們固定會回家探望的日子，老徐就像是抓住了浮木一樣，不停的對著孩子們和孫子女們叨叨絮絮的抱怨起來，和他原本的個性大相逕庭。

子女們覺得老徐的狀況不對勁，可能需要專業醫療協助，和老徐溝通將近一年，他還是覺得自己沒問題。眼看家裡的低氣壓越來越糟，孫子孫女們也變得不願意接近老徐，最後他才肯鬆口，讓兒子帶著一起到診所來。

評析

很多銀髮族在退休後，一時之間頓失生活重心，如果找不到可以發揮的舞臺和得到肯定自我的機會，很容易造成身心失衡的狀況。

不少人在職場工作了三十年，甚至四十年後，每天盼著能夠卸下工作負擔，享受退休生活，卻未料到退休後，社會適應狀況不佳，出現了退休症候群的情況：封閉自我、經常覺得寂寞、失落、自信心不足，變得孤僻、敏感和易怒，情緒起伏大、焦躁不安、悶悶不樂，或是過度擔心自己罹患重大的身體疾病。

由於角色變化帶來的心理落差過大，以至於平日生活從原來的忙碌碌碌，一下子變成無拘無束、自由自在。想擁有良好時間管理的退休生活，如果沒有在退休前事先準備，用心規畫，很容易產生低落、消極、退縮、孤立、焦慮、憂鬱。

原來受人尊敬，家庭中的重要支柱一旦退休，地位、經濟、心態，甚至身體健康，都與沒退休前大不相同。退休族群的自我心理調適，家庭和社會的支持都非常重要。

由於醫藥科技的進步，大家對自身的健康越來越重視，老年人的平均壽命不斷提高，退休後的生命期也越來越長，退休族需做好自我心理調適，安排規律的生活作息，參與社區或志工活動，聯繫舊友或同學，和家人及朋友外出旅遊，培養新的興趣跟嗜好，都可以讓自己在退休之後生活得輕鬆活潑，甚至更加多采多姿，也不需要家人特別擔心。

特別要提醒的是，如果過去患者就有憂鬱或躁鬱發作，並接受治療的病史，而家族成員也有罹患情緒障礙的退休人員，需要特別注意。在退休的前後空窗期，罹患身心疾患，譬如：身心症、慮病症、重度憂鬱，家人不可輕忽。如果病狀明顯而持續，影響患者生活的話，必須要有專業的醫療人員及早介入，予以診療，避免病情惡化，或導致更嚴重的疾病後果。

6 平安走過失親哀慟

雅雅（化名）在家中排行老么，上面有兩個哥哥，因為年紀和他們有些差距，所以從小父親就特別疼愛她；也因為哥哥們年紀較長，兩個人很早就進入社會工作，在家裡她和父親的關係也格外親密。

她天生愛撒嬌，愛耍寶的個性，不僅常常逗得父親開懷大笑，甚至師長和同學都說她是個不可多得的開心果，有她在的場合絕無冷場。她更是父親時常掛在嘴邊，引以為傲的小女兒，父親每每提起雅雅，總是充滿著笑意，認為這個孩子是他人生中最大的安慰與滿足。

雅雅從小到大的成長過程中，成績雖然稱不上名列前茅，但也一路順遂，幾乎不曾讓父母親操心過。上高中後，雅雅在外縣市就讀護校，只有週末或長假才會回家，大學則考進理想學校的護理系。

初入醫院工作和實習，晝夜輪班的工作也讓父母特別心疼，但是精力旺盛的她從來不覺得辛苦，甚至認為這些經歷反而能夠成為滋養生命的養分，讓她有機會快速學習與成長，而她也在幾年間順利成為獨當一面的資深護理師。

兩個哥哥結婚後，她將父母接來同住，當她以為人生正要起飛，老天卻和她開了一個可怕的玩笑，最疼愛她的爸爸在某個平常的下午，突然因為急性心肌梗塞過世了。這對雅雅而言，有如晴天霹靂，感覺頓失所依，完全沒有一點心理準備。

她還有好多話想對爸爸說，還有好多事想和爸爸一起做，甚至有好多地方想帶著爸媽去走走，可是一切都已經太遲了……她再也沒有機會實現這些，再也沒有機會親口對爸爸說：「我愛你。」

哀傷、悲慟的她，除了不吃不喝，頻頻掉眼淚外，就是整天看著和爸爸一起拍過的合照。在處理爸爸的後事時，還多次因小事情和媽媽、哥哥們發生衝突，將所有不滿的負面情緒對媽媽發洩，她認為是媽媽沒有照顧好爸爸，才會讓他一個人在家孤獨地離開人世。

此後，她整個人，整顆心分裂成兩半；在外面工作時，還是像以前一樣認真努力，對病人和家屬也極有耐心；在家中因為無法面對媽媽，不曉得該如何像往常一樣相處，所以對媽媽的態度總是隱約帶著不諒解和不耐煩。

她知道父母個性不合，甚至偶爾會有爭執，她心裡清楚爸爸過世不是媽媽的錯，但卻無法撫平失親的傷痛，總覺得如果當時媽媽不出門，也許爸爸還會有一絲獲救的機會。

而她又因為內心自責的罪惡感與愧疚，經常給媽媽更多的生活費當做補償，媽媽要她自己存起來，她則冷淡的回應：「我有錢，妳就收下吧！」久而久之，媽媽也感覺到她的不對勁，可是又無力改變她的想法。

父親過世後一年多，媽媽因為糖尿病體重急遽下降，整個人瘦了一圈，她也發揮自己護理所學，指導媽媽如何用運動和飲食來控制血糖指數。可是媽媽的食慾一日不如一日，總是吃不下東西，老喊著背痛、頭痛、全身無力。

她和哥哥以及親戚們，輪流帶著媽媽看遍各大醫院診所和各種科別，從內科、骨科、新陳代謝科、復健科、神經內科……，甚至連中醫及民俗療法都嘗試過了。無論是親友介紹，還是街坊鄰居推薦，她和哥哥都不畏路途遙遠，千方百計的請假換班，帶媽媽去看醫生、做檢查，卻始終查不到病因，找不到病灶。她有時甚至覺得母親是無病呻吟，想藉此吸引他們的關心和注意。

在短短一年間，媽媽的身形莫名的逐漸消瘦，體重從六十多公斤到最後只剩下四十出頭。再到後來，媽媽已經無力照料自己的三餐起居，只能將她送到療養院請人照顧，而他們只要一有時間就會到療養院。但媽媽因為身體不適，一個人被留在陌生的環境，經常會發脾氣，嫌棄飲食清淡，甚至是拒吃東西，常常令工作人員感到頭痛。

由於自己也是護理人員，知道困難的患者照顧上十分棘手，因此常責備媽媽，要她乖乖配合院方規定，別亂發脾氣對待照服員，而媽媽只能默聲無言，躺在床上茫然的流淚，母女的關係十分緊張。

後來他們兄妹又將媽媽送到北部一所知名的大醫院檢查，檢查報告出爐後，竟然被告知媽媽罹患癌症末期，院方表示病情不太樂觀，媽媽所剩時日不多，要家屬做好心理準備。雅雅害怕極了，不停在床前對著媽媽說：「媽媽我愛妳……很愛很愛妳……妳不能留下我一個人。」可是再多的後悔和真心話終究沒能留住媽媽，兩天後的清晨，媽媽在醫院中過世。

媽媽走了之後，雅雅陷入了更深的哀傷、憂鬱、自責和罪惡感中，終日以淚洗面，沉浸在失去雙親的痛苦中。她相當自責為什麼沒有好好照顧媽媽，為什麼不能更同理她一點。

料理完媽媽的後事，她強忍悲痛上班，卻總是睡不安穩、雙眼浮腫、神思不定，同事都能看出她的強顏歡笑，不時幫她打氣，但都沒什麼效果。

很長一段時間，大家都不曾再聽過雅雅發自內心的爽朗笑聲，雖然同事和朋友們經常帶她出門散心，陪她吃飯和逛街，她也會如常的在社群網站上分享各種美食和出遊照片，可是更多時候，她常常會貼一些懷念媽媽的照片和文字，記錄自己悲傷難過的情緒。

看著雅雅一天比一天憔悴，體重也一直往下掉，對很多事都提不起興趣，工作表現也不如以往，最後是她的主管半強迫的帶著她來診所，經過一陣子的治療，總算改善了雅雅的情況，也讓她重拾生活的希望與樂趣。

評析

喪失親人，特別是未預期突然發生的親人離世，對心靈的打擊更加令人心碎。當失親的悲傷突然來襲，痛苦難抑，心裡受到重擊，生活步調被打亂，情緒也將跌落谷底，甚至可能會一蹶不振，這些都不是我們過世親人所希望看到的。

美國精神科醫師伊莉莎白．克布洛－羅斯（Elisabeth Kübler-Ross），在西元一九六九年，提出哀傷的五個階段理論（Five Stages of Grief）。

在第一階段，大部分的人因受到打擊的驚嚇，會先選擇性拒絕面對殘酷的事實。大約過了一個星期後，進入第二階段，開始意識到喪失親人的事實，覺得自己是悲劇的主角或生活的受害者，變得憤怒，怨恨為何會遭到如此待遇，同時也在內心不斷地責怪自己，後悔之前沒能善盡為人子女的責任。

第三階段則會開始心情鬱悶、低潮疲倦、孤獨空虛、提不起勁、不想理人、不想說話，也會有睡眠障礙；或是食慾不振、暴飲暴食、借酒消愁，對周圍的事物漠不關心，對身邊的事物缺乏興趣、失去熱情、體能下降，嚴重者甚至出現輕生意念、自殺想法。

第四階段，會開始尋找發生事故的可能原因，分析各種狀況，閃過各種可能逆轉事實的「如果」情況，以企圖修補過去的情感缺憾。

第五階段是最後一個階段，認知到現實已成定局，絕無可能改變，這才慢慢的接受失去親人的事實。在這五個階段的過程結束後，生活的步調緩緩恢復，進而回到生活的正軌上，繼續向人生的方向與目標前進，找出生命的出口。

古人說：「樹欲靜而風不止，子欲養而親不在。」也是喪失至親，悲慟難過，十分傳神的心靈寫照。

臨床上，有些患者由於生物體質較為脆弱的關係，受到突如其來的打擊，失親悲慟的情緒反應十分強烈，時間也會超過一般正常人的兩個月，這就會被視為正式的「重度憂鬱發作」，患者的家人必須迅速協助就醫，避免悲痛憂傷，造成重度憂鬱，盡快接受身心精神專科的醫療處遇，以避免病情嚴重，縮短病程，早日恢復正常。

7 求助不是弱者表現

修明（化名）的父親在家族裡排行老大，一共有五個弟弟妹妹，而修明則是家裡四個小孩中，排行最小的老么。由於小叔叔和他們年齡比較接近，加上父母都忙於工作和家務，在叔叔還沒結婚前，總愛充當「孩子王」，老是領著一群孩子們到處吃喝玩樂，甚至每天接送他們上下學，所以修明和哥哥從小就跟著叔叔到處跑，和小叔叔極為親近。

在修明眼中，又帥又會玩的叔叔好像無所不能，無論是籃球、棒球、撞球，還是吉他、薩克斯風、西洋鼓，都是叔叔帶他們玩，甚至手把手的教他們；叔叔還偷偷教他們兄弟騎機車，偶爾也用口傳心授的方式，教他和哥哥日後開車要注意什麼。上高中前，他們和叔叔的互動一直都是極為密切且頻繁的。

國三畢業那年，小叔叔結婚了，也和小嬸嬸從家裡搬出去住，之後的幾年間，嬸嬸也陸續生了兩個堂弟。再後來好長一段時間，修明忙著念書、考大學、當兵，再來是交女朋友、找工作，慢慢的，也開始有了自己的生活圈，跟叔叔也不像小時候那樣經常連絡了。

剛退伍的時候，修明還兼職開過一陣子的計程車，也很慶幸以前受到叔叔影響，不僅學會開車，甚至還考了職業駕照。有一次碰巧在市中心載到叔叔，他正好要去客戶那裡洽公，叔叔雖然行色匆匆，但還是很高興的跟他聊了一路。

雖然大家各自忙著自己的生活和工作，但逢年過節時，親友們總會回到老家齊聚一堂。不過修明怎麼也沒想到，在他三十歲那年的冬天，還有兩個月才過年，家裡就傳來一個令人傷痛的惡耗：從小非常疼愛他的小叔叔竟然在自己家裡自殺身亡了。

這對家族裡的人來說，無異是一種沉重的打擊，尤其對父親而言，半年前才剛送走了因病過世的爺爺，沒想到，還要面臨家中最疼愛、受寵的小弟自殺過世的事實。突然間，父親一下子憔悴蒼老了許多，整個人變得意志消沉，鬱鬱寡歡。

修明聽見父親和親友談話，得知叔叔是因為背負著高額房貸，以及兩個孩子的學費和一家四口的生活費等種種龐大的經濟壓力，加上工作不順，巨額投資失利，手頭一時周轉不靈，向地下錢莊借貸，利滾利到最後債台高築，無法還清債務。自己一個人煩惱了很久無法解決，走投無路之下竟然選擇輕生。

父親每回提到小弟竟然是因為經濟困難，沒有向兄姐或是周遭的親友尋求幫忙而走上絕路，身為家中長子的他更是自責不已，有好幾次，修明都聽見父親哽咽的聲音。

他在幫嬸嬸整理叔叔的遺物時發現，叔叔在過世前抽菸抽得很凶，一天至少抽掉兩包香菸。在他印象中，當兵時期也曾和叔叔一起抽過菸，只是當時兩人的菸癮都不大。嬸嬸說，為此她也勸過叔叔很多回，提醒他抽太多菸對健康不好，但每每總是以吵架作結，後來索性也就睜一隻眼閉一隻眼，由著他去了。

不僅如此，叔叔似乎也定期在吃安眠藥，更讓修明極為訝異。沒想到嬸嬸竟然告訴他：其實早在好多年前，叔叔就因為工作壓力大，經常睡不著覺和淺眠的問題而就醫，之後也持續看診和固定拿藥，只是好勝心強，又愛面子的他沒讓大家知道。

修明萬萬沒想到，表面看似樂觀開朗，經常笑臉迎人的小叔叔，心裡竟然隱藏著這麼多祕密，而且還選擇自己一個人扛著這個重擔，孤獨的走完人生最後一程。想到從前和叔叔相處的點點滴滴，修明心裡也很不好受，但想到比自己更傷心難過的人應該是父親和叔叔的家人，於是他便只能收起難過的情緒，極力安慰嬸嬸與堂弟。

堂弟告訴他，叔叔在過世前兩天，才和他們討論著要到餐廳幫嬸嬸慶生，沒想到，叔叔竟然爽約了，而且還是永遠的缺席了。更讓他們無法明白的是：為什麼叔叔從來不曾向他們透露一點訊息，至少他們兄弟可以去打工，幫忙一起分攤。

這種始料未及的打擊，帶給嬸嬸一家難以承受的傷痛，修明也不知道該如何安慰哀痛欲絕的爸爸，以及嬸嬸一家人。不曉得嬸嬸一家未來該如何做，才能減輕這種難過與自責的情緒，並且撫平因為叔叔自殺所帶來的心理創傷。

評析

許多病人面對各種沉重的壓力，導致出現負面情緒，身體不適，很少主動到身心精神科求助。舉例來說，牙齒痛的人，一定懂得先設法止痛，不論是自己服用止痛藥物，或是到牙科診所找牙醫師進一步處理。然而身心精神科的患者則不然，大部分患者仍不瞭解到身心精神科就醫，就如同牙痛患者至牙醫診所求助，已經十分常見，並不是一件可恥的事。

事實上，自殺在先進國家中，很早就被視為一個嚴重的社會醫療問題。在台灣，自殺也名列國人十大死因之一，衛生行政單位投入了大量金錢，整合各類民間心理衛生資源通力合作，進行自殺防治。

根據調查，就自殺死亡案例而言，生前約有八成以上的人是具有精神科疾病的診斷。這些診斷主要為憂鬱症、酒精或藥物濫用、人格障礙，或其他身心疾患等等。有研究指出，男性年齡在四十五歲以上，單身、離婚、鰥寡、退休、無業、喪失健康，最近有親人過世或分離，不願接受醫療協助，過去曾有自殺行為，或曾經接受精神科住院治療者，其自殺身亡的危險性比一般人高。

在此要特別提醒的是：許多患者在巨大壓力下，出現睡眠障礙、情緒困擾，大都會選擇喝酒或服用安眠藥物來助眠。殊不知借酒澆愁愁更愁，安眠藥物的作用也如同酒精，在未確切診斷精神科疾病前，貿然自行服用助眠藥物如同喝酒一般，非常容易造成藥物濫用及依賴，而且使用後，可能讓原有的精神症狀更加複雜或嚴重，尋找身心精神科專業的醫療人員協助方為正途。

另外，也會有患者使用不恰當的方式，來處理壓力所造成的情緒障礙。舉例來說，本案長期抽菸，雖然尼古丁的藥理作用可以幫助肌肉放鬆，減輕焦慮，但長期使用則會危害身體健康。

也有患者會採用網路成癮、過度消費、巨額投資、違法簽賭、尋求性愛刺激、暴飲暴食等方法來抒發情緒。然而這些容易成癮的行為，效果都非常短暫，事後反而容易感到自責內疚，掉入更深一層的憂鬱深淵，最後選擇輕生一途。

要注意的是，有研究顯示：約有五成的個案在自殺前一個月內，看過一般科的醫師，三成五到四成五的人在自殺前曾向旁人清楚表達自殺的意念，只有約一成五到兩成五的人是精神科門診病患。

求助不是弱者的表現，勇敢的面對問題、處理壓力，方為良策。我們如遇到身邊有朋友或家人出現自殺前兆時，應給予充分的關心與支持，鼓勵說出心中的挫折與困境，耐心傾聽，讓他感覺有人在關心他、瞭解他、願意幫助他。

也不要否定、譏笑，或是與之爭辯，安排安全的環境、除去危險物品，注意清晨與深夜的危險時刻，時時陪伴並鼓勵協助盡速就醫，與醫療人員充分合作，接受正確的診治，則可漸漸地減輕心理負擔，恢復身心平衡，儲備因應困境的能力，克服逆境，迎向新的人生。

8

留心產後躁鬱情緒

玉茹（化名）在去年冬天生下了他們夫妻期盼已久的孩子，原本迎來了這個新生命，也是為家裡增添了一件喜事，可是玉茹的先生突然覺得：太太的情緒似乎有些異樣，經常為了一點小事對他發脾氣，生活中稍有不順心，也很容易引發情緒地雷，兩人還為此口角爭執了好幾次。

體諒她大部分時間都是一個人在家照顧寶寶，有時還要兼顧工作，最後都是他主動道歉和認錯，事情才能暫時告一段落，否則太太不曉得會和他冷戰多久。

玉茹的工作主要是協助一家海鮮餐廳在網路上銷售水產生鮮和冷凍漁獲品，遇到節慶時，銷售成績斐然，她也能得到不錯的分紅與利潤，先生則是在旅行社負責業務工作。

原本兩個人的收入要應付生活是綽綽有餘，但自從有了孩子之後，除了增加奶粉、尿布的固定支出，還有照護嬰兒所需要的開銷也不少。加上有時候孩子生病，必須小心翼翼地照顧著，甚至跑診所或到醫院看診就醫，讓夫妻兩人不得不開始精打細算，節省各種不必要的開銷。

因為要照顧小孩的緣故，玉茹的時間變得比較受限，不但無法配合活動檔期或開會時間，也沒辦法外出處理工作事宜。雖然廠商沒有解除彼此的合作關係，但也向玉茹多次暗示，會再找其他的人來協助，對於玉茹的收入勢必產生影響。

近年來，因為病毒疫情的緣故，整個旅遊業都不景氣，許多旅遊相關產業的公司因此倒閉、縮編、裁員時有所聞。先生的公司初期裁撤了國外旅遊部門，國內旅遊雖然業績不錯，但因為人力緊縮，國內旅遊人數又遠不及國外旅遊，業績獎金當然也無法和疫情前相比，有好幾個月，先生甚至都沒有拿到獎金，僅靠微薄的薪水勉強度日。玉茹知道這件事之後，非但沒有體諒先生，更成為夫妻間產生磨擦的導火線。

同樣的事情一而再、再而三的發生，玉茹的先生才察覺到情況不對勁。因為玉茹似乎缺少了初為人母的喜悅，有時打電話詢問她寶寶的情況如何，晚上想吃什麼，是否需要幫她買東西回家，她的回話常常是不耐煩的語氣或是帶著尖銳的口吻。

原本他以為，可能是新手媽媽無法適應一個人照顧小孩的壓力，加上兒子有時會在半夜哭鬧不休，每天還得三、四個小時固定餵奶一次，太太多半得趁小孩睡著時，清洗與消毒奶瓶、奶嘴等相關器具。

另外，小孩也時常因為吐奶和大小便而弄髒衣服、圍兜、毛巾、被單等，待洗的衣物堆積如山，產後辛苦又累人的照顧細節對新手媽媽而言，的確很不容易，導致太太長期處於睡眠不足的狀況，黑眼圈的情況越來越明顯，臉色也不是很好，所以他每天下班後都盡量早點回家協助，並且分攤照顧孩子的責任。

然而太太的狀況並沒有改善，曾經有過幾次，他因為塞車而晚一點到家，玉茹就開始冷言冷語的嘲諷，情緒來時，還曾把桌上的玻璃碗盤和杯子等餐具全數掃到地上，而乒乒乓乓的聲響和激烈的大吼大叫聲，經常把兒子嚇得嚎啕大哭，有時候太太甚至還會作勢要把兒子摔到地上，嚇得他再也不敢輕易惹怒玉茹。

最讓他感到害怕的是，有一次兒子不曉得是肚子不舒服還是受到驚嚇，半夜醒來就一直哭鬧不停，玉茹安撫無效，最後也失去耐性開始對著兒子大叫：「你要一直哭到什麼時候？餵你喝奶也不要，哄你睡覺也不要，我該拿你怎麼辦？我為什麼要生下你，都是因為你，才讓我的生活變得一團糟，我的工作也快沒了，這一切都是因為你！」

玉茹的先生這才驚覺事態的嚴重性，連忙讓玉茹去休息，接手照顧兒子。他擔心玉茹可能是產後憂鬱症，所以趕緊接媽媽到家裡住，一起幫忙照顧孩子，協同玉茹的三餐和起居，至少當她情緒不好時，起碼有人可以看著她，避免她傷害自己和兒子，或是做出無法挽回的事情。

然而太太的情況總像是一顆不定時炸彈，讓他不敢輕忽，於是和媽媽，以及玉茹的姐姐商量，想帶她去看醫生。但是又苦於不知道如何和玉茹溝通，因此他只好先向醫療單位諮詢，請求專業的協助，嘗試能否盡快改善玉茹的情況，並且解決他們的困擾與危機，讓生活得以重新步入正軌。

評析

產婦剛生完孩子後和新生兒出生前的睡眠減少，都會導致女性雌激素突然驟降，引發產後憂鬱症、躁鬱症與精神病。

新生兒的誕生，照理說是一件幸福快樂的事，在照顧上或有家人協助，或住在坐月子中心。但有些產婦個性過度要求完美，事必躬親，不愛他人插手，面對壓力的心理韌性較脆弱、過度敏感，當面對突如其來的嬰兒照顧，新手媽媽易手忙腳亂，照顧晝夜不分。加上新生兒哭鬧不休，照顧困難，需半夜餵奶或換尿布，無法獲得充足的睡眠，在睡眠剝奪或不良情形下，出現躁鬱情緒。

母親出現急性躁鬱症狀：心情起伏不定、忽而高亢，忽而憂鬱、異常興奮。或會抱嬰哭泣、睡眠需求變少、胃口不佳、活動增量、四處聯繫親朋好友、撥打手機頻繁、說話快速、音量大且無法打斷、易怒衝動、胡亂使用金錢、採購過量嬰兒用品、精神狀況極度不穩，嚴重者甚至出現妄想、幻覺，或有殺嬰、殺人及自殺的可能性。

有些婦女患者一生中的第一次狂躁發作是在產後出現，她們可能在未懷孕前走過憂鬱，或在懷孕期間心情低落，家族中其他成員有過產後憂鬱，或是明顯具有躁鬱症的家族病史，這些都是發生產後躁鬱情緒，需注意的危險因素，家屬以及醫療人員，必須多多注意。

對已經發生產後躁鬱情緒的母親，建議避免讓她和嬰兒單獨相處太多時間，要有充足良好的睡眠，避免睡眠時間過短、睡眠品質不良、淺眠多夢、夜間中斷，或早醒不能再睡。

在分娩完後的前幾周，和精神科醫師或婦產科醫師保持聯繫，避免病情惡化。家人則需協助照顧嬰兒，讓母親獲得充分休息。如狀況嚴重，需在精神科醫師專業評估下，選擇適當時機斷奶，並接受精神科藥物的治療。

如果病情惡化到患者出現精神病症狀，或有可能自傷傷人之虞，則已達到精神科急性住院的臨床適應症，需派專人協助，安排住院，接受進一步治療。

9

迷茫的大學新鮮人

俊杰（化名）就讀中部一所私立大學的商學院，才剛結束大一下學期的課，暑假過後，就要升大二。

高中時，念的是北部赫赫有名的明星高中，在班上成績位於前段，本來父母和老師都相當看好他，認為他學測成績應該可以填到不錯的學校，卻因為過於緊張，導致學測成績未能如願進入他心目中理想的校系。

父親是大學教授，母親則是一家連鎖商場的高級主管，兩人都是知名國立大學畢業，對他的期望自然很高，家人每每談到這件事，總是語帶無奈，而這件事也成為他心中的一根刺，一陣一陣的刺痛著他。

起初，俊杰也會覺得是自己的疏忽導致沒能考好學測，後來，一旦父母稍提及學測成績的事，他就會變得像刺蝟一樣，大聲嘶吼：「我又不是故意的！」「你們到底說夠了沒有？」怒氣沖沖用力甩門，在房間裡瘋狂的打著電玩，一玩就是一整晚，父母叫他吃飯休息也不理，甚至到了廢寢忘食的地步，家人對他的態度也因此變得小心翼翼。

大學入學後，他始終認為自己的成績和能力不止於此，不該來念這所學校的，所以也不太喜歡和其他同學互動，人際關係相當疏離，對於校內和系上的活動也都不感興趣，久而久之，就連上課也開始走神或是趴在桌上睡覺，到後來遲到，或乾脆躲在宿舍裡睡覺和打電玩，直接蹺課缺席。

他不斷思索著，是否應該轉校、轉系或者重考，還是要繼續念完四年大學再做打算。他也會一個人坐在宿舍的頂樓，懊悔著自己為什麼會把學測考砸，沒能就讀自己理想的校系，讓自己的人生淪落至此。他很想讓自己的人生重來，改寫學測考試時的歷史，有時想著想著，竟會覺得：如果從頂樓跳下去，一切痛苦、懊惱、後悔都可以結束了，那件錯誤的結果也不會一再影響自己的心情。

可是一年過去了，他還是沒有做好決定該怎麼走，現況讓他既生氣又無力，只要和同學言語不合，他竟會生氣的捶桌子或牆壁，同學們覺得他ＥＱ太差，多半都不太喜歡他，有些女同學甚至不敢靠近他。

俊杰覺得既然自己喜歡打電動，不如去網咖打工，但是只去了一天，對於要做的各種瑣事他就感到相當不耐煩，常常事情做到一半就被客人打斷，這都讓他很生氣。他甚至覺得很多客人都很蠢，連電玩都玩不好，所以他只工作了一天就辭職，連薪水都懶得跟老板要。

放暑假後，俊杰自然也是回到北部家中，可是他又不想每天待在家裡，不喜歡面對父母親的眼神，更不想看到就讀高中第一志願的妹妹，因為她在校成績名列前茅，父母親對她也寄予厚望。而他也不想和高中同學聯絡和來往，因為幾個從前交情不錯的同學，考上的大學科系都比他好，相較之下，自己在他們面前好像矮了一截。

於是他只好每天在外面閒逛，有時去網咖消磨一下午，有時則是在街上漫無目的走著，腦子裡總會閃過很多想法，思緒根本停不下來，可是他又不知道該怎麼做，也不曉得能和誰討論未來，心中總覺得焦躁、恐慌和不安。

有一次俊杰遇到一位國中同學，他在一家便利商店打工，因為店裡還有缺人，他便開口邀俊杰一起當同事。俊杰覺得有個地方去似乎也不錯，而且離家裡也有一段距離，於是便欣然同意。剛開始，因為有同學帶著他，工作上也常常主動幫他，讓他覺得這裡的環境很不錯，後來同學被店長調整成晚班時段，他和其他同事不熟，所以大多時候就得靠自己。

而超商的工作也著實不輕鬆，從收銀機結帳到商品陳列上架、泡咖啡、清潔打掃工作、影印服務，以及網購取貨，無一不是跟時間賽跑，尤其是碰到上下班的尖峰時間，或是中午的用餐時段，大排長龍的結帳人潮，或是有不同的客人催促店員幫忙做什麼時，就會讓俊杰感到一股壓力，莫名的煩躁。

尤其是看到辛苦整理好的貨架被客人隨意翻看，然後又不經意把貨品亂放到其他位置，每每都讓俊杰想要衝過去罵客人：「為什麼不能好好的把商品歸回原位？」

加上有許多人對於服務人員缺乏同理心，偶爾會有插隊，講話不客氣，甚至有大白天喝醉酒的客人來鬧場……諸如此類的事件不勝枚舉，漸漸的讓俊杰失去了原來高昂的興致，開始發生上班遲到，或是睡過頭。

第一次同事以為他上班途中發生意外擔心不已，後來才曉得他是在家裡睡大覺，最後因為出勤記錄實在太差，店長只好請他離職。

離職後的俊杰，又開始每天白天睡覺，半夜打電玩的生活模式，晝夜顛倒的作息讓他情緒跌到谷底，覺得全身疲累，缺乏活力，不想講話，也不想理會家人。最後是在母親的強制要求下，帶著俊杰到診所來，希望醫生能改變他目前糟糕的情況。

評析

「金榜題名時」乃是人生四大樂事之一。過去七十及八十年代，大學入學採取全國聯合考試，統一分發。聯考完後，如若金榜題名，大部分的大學新鮮人，多是開開心心進入校園，展開生命中新的學習扉頁。

近年來在臨床上則會看到一些與過去不同的情況，現在的大學入學方案雖然採取多元管道，減輕了許多過去聯考升學的巨大壓力。然而，因為臺灣嚴重少子化，加上廣設各大專院校，以至於一些大學校系重疊，出現招生不足，搶收學生的現象。雖然莘莘學子進入大學就學，困難度大大降低，卻也發現許多應屆高中畢業生，參加學測或統測考試，經由校推或自推方式順利提名上榜後，便不願再進一步參加指考或重考。

當這些高中畢業生進入大學，變成新鮮人後，有的人發現自己選讀的大學校系，竟和自己的志趣不合，上課索然無味，也鮮少與其他同學互動。另一種狀況是，雖進入自己心目中的理想志願，在學習一段時間後，出現成敗輸贏的比較心理，覺得自卑、不如他人、孤單寂寞、缺乏支持，變得鬱鬱寡歡、被動學習，甚至沒有動機上學上課。

這些沒有到校上課的大學生，多出來的時間多是花在上網、瀏覽社群媒體、玩電玩遊戲、交友軟體，使用手機、平板及電腦的時間相當多，網路成癮的情況出現，往往廢寢忘餐、生活顛倒、作息不正常、缺課蹺課。

當然各大專院校也針對校園內缺課曠課，心理需要輔導的學生提供資源協助，盡力幫忙。在此特別要指出，日夜顛倒、作息不正常會讓人體內的生理時鐘紊亂，導致新陳代謝失調、長痘或發胖、血糖上升、血壓不穩、提升罹癌風險、記憶力下降、情緒不穩。日夜節律失調，極易產生躁鬱或憂鬱的情緒。

對於這些新進入大學，卻陷入迷茫青春的一群，諮商輔導人員除了建議經常有人陪伴、傾聽、心理支持之外，也要鼓勵他們要有正常規律的作息，早睡早起，適度和規則的運動，常照射陽光，遠離電子產品，再進一步討論未來的努力方向。

10

解除「封城症候群」

Jeff（化名）和太太May（化名）移民美國多年，也陸續生了一對兒女。目前女兒就讀七年級，小兒子才剛上小學，兩個孩子的個性大不相同，但都非常活潑，不但是他們夫妻兩人最大的成就與驕傲，同時也是他們的生活重心，一家人生活非常單純和樂，也是親朋好友們眼中令人艷羨的家庭。

Jeff和May是同一所大學的同學，一個是念資訊工程系，一個是中文系，到了美國之後，Jeff又再繼續進修電子資訊的相關課程，目前是一家公司的資安顧問，而May則是在美國教授中文。他們一家人和父母住在美國加州，今年因為病毒疫情的緣故，孩子的上課方式全部改為遠距線上教學，而他們夫妻倆的工作可以藉由網路方式進行，所以受到的影響不大。

但沒料到，美國的病毒疫情像滾雪球般越來越大，影響地區和範圍也日益增廣，雖然他們住的地方在郊區，但是Jeff的公司難免也受到美國景氣和國際局勢波及，不得不縮減大部分的業務。

面對這樣突然的變化，雖說他們早有心理準備，但Jeff心中難免還是會受到影響，憂心忡忡；孩子們年紀雖然還小，都非常敏感和懂事，也能感受到這股低氣壓，所以在家上課時也都盡量乖乖的，不給父母帶來太多的麻煩。

Jeff的父母在七月時先回到台灣，後來他們一家四口也分別在八、九月陸續抵台。從國外回到台灣，都必須居家檢疫十四天，一家人整天待在家裡，這點和在美國時倒是沒有太大的不同，只除了美國的房子比較大，而且還有廣大的前後庭院和小樹林可以活動，在台灣的家因為空間較小，居家檢疫期間，孩子們難免會因為不能外出而抱怨。

小兒子今年才剛上小學，本來期待能和姐姐一樣認識許多新朋友，可以一起分享喜歡的手機遊戲和玩具，可是至今都得在家裡上課，不免會向May抱怨。幸好小孩子的注意力很容易被同學和網路上各種新奇的事物所吸引，總算也平穩度過了十四天的居家檢疫。

只不過，Jeff的公司就沒有這麼幸運了，原本只是公司內部組織局部微調兩個月，可是疫情仍不見明朗，公司便決定開始無限期停工。雖然兩人還有存款，即使幾個月沒有收入，生活也不成問題。但是Jeff

開始擔心，長此以往下去，疫情帶來的家庭經濟影響，甚至煩惱小孩的未來發展，自己不知不覺中都焦慮了起來。

Jeff希望能提供孩子一個無憂無慮的未來和學習環境，所以當初夫妻倆才會選擇飄洋過海到美國定居。目前在美國的工作看來短期內暫時無法恢復了，一時之間也沒辦法再找新的工作，可是孩子的學習卻不能停擺。

大女兒已經學了很多年的鋼琴、大提琴及長笛，還曾經多次參加比賽，老師甚至要求家長再幫孩子選擇音色、材質和尺寸較適合她的長笛，以便於提升孩子的演出水準。去年開始，女兒自學電腦繪圖，日後希望從事動畫設計工作，身為父母自然得在設備器材和學習環境上盡可能支持她。

小兒子目前還小，但也和姐姐一樣，對於音樂有著極佳的音感與天賦，將來要學什麼樂器還得讓他自己選擇。不過他開始對跆拳道產生興趣，主動要求去跆拳道館上課，為了讓活潑好動的他發洩精力，勢必也得幫他安排一些運動課程。

想到孩子們的未來，Jeff不由得感到焦慮和頭痛，也漸漸出現輕微的憂鬱情緒和失眠，好不容易睡著了，有時候還會從惡夢中驚醒，或是清晨四、五點就醒來，躺在床上再也無法入睡。

回台之後的生活圈很小，和從前的同學、朋友們也多半都疏遠了，因而產生一種施展不開，綁手綁腳的感覺，他甚至覺得自己的肩頸四肢變得極為僵硬，彷彿整個人都動彈不得，有時對自己和未來還會感到十分悲觀。每當他面對May和孩子們時，總會有一種莫名的空息感，這種陌生的情緒讓他非常訝異，幾乎不敢肯定這是自己內心的真實情緒，他覺得自己都快不認識自己了。

台北的冬季連日陰雨，濕冷的天氣讓他們哪裡都不能去，可是他對於一向最喜歡的電腦遊戲都興趣缺缺，提不起一點想玩的興致，種種情況讓Jeff的心情更顯得無比憂鬱和苦悶。他和May討論之後，察覺到自己可能有憂鬱症傾向，為了不影響日後的生活，以及和孩子們的互動相處，Jeff決定趁著回台後停工的空檔，早點解決自己的情緒困擾。

評析

二〇二〇年開始的冠狀病毒疫情嚴重，遍布全球，造成許多人的財產損失、學業中斷，或是失業，打亂了原本正常生活的運作，當然也有人因為受到病毒感染，健康受損，必須隔離防疫，甚或住院治療。

在這樣的一個非常時刻，會有不少人出現孤獨、失落、疲累、焦慮、失眠、恐慌、緊張、不安等各種症狀，如果沒有適當處置，很有可能進一步惡化成為身心疾患。對於本就有身心疾患者，在這非常時刻，精神科疾病很容易復發或惡化，這時患者必須立刻尋找醫療資源的幫忙。

常聽人說，退休後有「退休症候群」，待業期間可能出現「待業症候群」。在此病毒肆虐防疫期間，當然有可能因為長期隔離在家，無法出門，或是因為經濟衰退導致的裁員、資遣、無薪假、失業，出現所謂的「封城（Lockdown）症候群」。

無論是上述哪一種情況，症狀大多相似，主要是因為失落、孤獨、空虛、封閉所產生的情緒症狀。此時患者很容易出現：不願意出門、不願意就醫、不言不語、不與他人互動的現象，如果被封閉或孤立的時間長達數月，或逾一年，情形恐將變得更為嚴重。

在這段時間裡，家人的支持就顯得非常重要，可以在防疫措施安全無虞的狀況下，陪伴，傾聽。患者自身則須保持規律的生活作息，三餐飲食營養正常，適度的規則運動，擁有充足且良好的睡眠，補充大量水分，嘗試外出曝曬陽光，而心理調適及正向思考也非常重要。

如若患者的心理調適，家人的情緒支持，和規律正常的生活型態，都還不足以讓病人狀況改善或好轉，患者的症狀持續或更加惡化，則必須盡快尋求身心精神科的專業治療，切莫讓患者單獨一人一直處於情緒困頓的狀態，甚至出現想不開，自傷，或是自殺的嚴重後果。

11

變調的恐怖情人

梓柔和維新（化名）是大學的同班同學，大三那年因為分組作業常在一起討論，兩人不知不覺就在一起了。交往期間，維新對梓柔可說是百般呵護，不僅每天接送她上下學，就連假日也是形影不離，只要是梓柔想去的地方，或是想買的東西，即使再困難，維新總是「使命必達」，體貼萬分。

畢業後，梓柔進入一家廣告公司上班，維新則是短暫打工幾個月，就接到入伍兵單。等到維新退伍，梓柔已經是有點經濟能力的小資女，漸漸褪去了青澀單純的學生氣息，流露出一種小女人的嬌俏和嫵媚姿態；服役完後的維新，對於未來的職涯方向仍在摸索當中，一切才正要起步。

維新雖然是在單親家庭中長大的，因為住在家裡，父親也沒有給他過多壓力，所以能夠沒有經濟負擔的慢慢找工作，他也仍然保持每天接送梓柔上下班的習慣。而且他對找工作也有一些自己的想法，例如有的工作他覺得待遇太低，有的工作內容他嫌太過繁瑣，學不到東西；還有的公司他覺得位置太遠，會花太多通勤時間，這樣他就無法每天接送梓柔，常常在一起。

在接送女友上下班幾次之後，他很快就發現：梓柔因為亮麗的外形和溫柔的個性，不但頗受同事們照顧，甚至有幾個男同事和客戶對她青睞有加，整日噓寒問暖、處處關照，表現出明顯追求之意。起初，維新還能輕鬆以對，覺得女友人氣爆棚，頗受歡迎，不僅對她的工作有所助益，也證明自己的眼光很好。

直到有一次下班後，維新在她公司樓下等了很久，依然不見梓柔，而且她手機也一直沒接，等了一個多小時，梓柔才從一輛汽車下來，駕駛座還有一個年紀大約三十出頭的男性，下車幫梓柔開車門和撐傘，小心護著梓柔走進大樓。

這一幕看在維新眼裡，簡直是怒不可遏，他冒雨騎車趕來接她，沒想到她不但沒接電話，甚至還從陌生男子的車上下來，兩人還貌似親密，有說有笑。梓柔向他解釋那是公司同事，因為到客戶公司提案，不方便接電話，回來時剛好又碰上大雨，才會讓同事幫忙載送和撐傘。

雖然告訴自己要相信梓柔，但兩相比較之下，自己的確沒有什麼過人之處，和梓柔多年的感情，他絕對不可能就此放棄或退讓。於是，維新對於梓柔每天的行程掌握變得更加嚴密，梓柔只要在一定時間內沒有立刻接電話或是回覆訊息，維新便會覺得坐立不安，開始想像梓柔是否又跟其他男性外出。

為了接近梓柔，完全了解她的情況，維新放棄了對於工作條件的要求，義無反顧的進入女友公司當一個小小的行政助理，雖然隸屬於兩個不同的單位，不過可以每天看到女友，這樣也讓他感到相當滿足。

可是梓柔卻不這麼想，她開始覺得男友全天候的「緊迫盯人」，讓她吃不消，她想要保有一點自己的私人時間與空間，不想兩個人整天都膩在一起。

她委婉勸過男友幾次，希望他找個適合自己能力的工作，不要花這麼多時間和心思在她身上，應該想辦法多充實自己，提升自己的專業能力，未來才能擁有更好的發展。

這些話她是替維新多方著想才說的，可是聽在維新耳裡卻完全變了調，他懷疑女友是想疏遠他，想找其他條件更好的男友，才會勸他換工作。兩個人也為了這件事多次溝通與爭執，但彼此始終沒有共識，反而吵得更兇，以往的濃情密意也漸漸褪色。

之後，只要梓柔的生活圈中有一點點風吹草動，維新全部都會放大處理。比方說，梓柔收到同事請的早餐，或是來自工作上的感謝小禮物，維新都會覺得對方對梓柔有意思；當梓柔和客戶有說有笑的講電話、開會，甚至是在社群網路上和男性朋友頻繁的互動，維新開始覺得梓柔背叛他，背叛了他們的感情。

這些風聲漸漸在公司傳開，同事們為了避免麻煩，會盡量少和他們交談與往來，但這卻造成了梓柔工作上的困擾，她也因此萌生了分手的念頭，但礙於維新不穩定的情緒和易怒暴躁的脾氣，她在等待一個適合的機會開口。

一個偶然的情況下，維新懷疑一個客戶有意追求梓柔，甚至還衝動地打了人，公司也因此得罪客戶，失去了案子。公司高層主管知道後，除了要維新向客戶道歉之外，同時也要求他離職，否則很可能吃上傷害的刑事官司。

梓柔對此更是不能諒解，覺得維新不但讓她在工作上處處受限，被同事孤立，現在還讓她在主管、同事和客戶面前下不了台。最終，梓柔還是和維新提出了分手，請他放過她，也放了自己。

可是這句話卻像利刃一般的刺向維新，也成為壓倒他的最後一根稻草。

為了挽回梓柔，維新開始放低姿態，不斷道歉，但是梓柔不接電話，不回訊息，也在社群網站上全面封鎖他，見了面也對他「視若無睹」，彷彿當成陌生人一樣。

維新無法忍受多年的戀情得到這樣的結局，更不甘心自己的一片真心盡付東流，他一方面放話要讓追求她的男人好看，讓他們知難而退，另一方面他也四處拜託梓柔的家人和同學，請大家充當和事佬幫忙挽回。

這種種誇張行為只讓梓柔覺得自己快被逼瘋了，每天不但坐立不安，難以入睡，甚至也無法好好的安心生活和工作，身心方面都承受了難以想像的巨大壓力和恐懼。在同學的陪同下，她找了專業的心理諮商，設法改善自己的情況，而她也擔心未來會發生難以預料的事情，在家人的陪同下，向警方申請了保護令。

評析

男女雙方在初戀時，一般都是甜蜜而幸福的，交往一陣子之後，彼此都可能會卸下美麗的面具，展現出自己原本的性格特徵。

有的當事人可能會因為過度在意感情的進展，而出現較多的控制，或無法壓抑自己的情緒。一旦出現一些非自己所能想像的情況時，譬如：當事人感覺對方情感逐漸變淡或態度疏離，手機訊號已讀不回、不讀不回時，出現災難性反應，心情覺得遭受嚴重打擊，或出現痛苦難忍的挫敗。

有的人會因為性格上的過度敏感，無法容忍自己想像出來的絲毫背叛。譬如：愛戀對象和他人有說有笑，互動頻繁，可能會醋勁大發，狂怒不已。原本是愛到入骨，卻由愛轉恨，怒不可遏，情緒變化之快速讓對方來不及反應，滿頭霧水，驚慌失措，連解釋或詢問的機會都沒有。

一旦面臨分手或失戀的狀況，這類情緒豐沛、由愛生恨的情人，一時難以承受感情失敗所帶來的打擊和壓力，可能會做出衝動的行為，造成嚴重不堪的後果。

比較輕微的狀況，這類人會想方設法，持續聯絡對方，狂打電話、手機傳訊、追蹤對方社群媒體狀態、緊迫盯人、力求挽回，連半夜也不放過，甚至堵人談判，令人窒息。

較嚴重的情況，當事人可能因為憤恨的情緒難以控制，衝動做出傷害自己或對方的行為。更極端的，則是鬧出玉石俱焚，同歸於盡的悲劇。

在新聞媒體時常看到一些報導：恐怖情人因為愛情失落，而發生情殺、自傷，或自殺的情況。這類恐怖情人案件，往往半出現在情緒豐富，神經敏感的主角身上。在交往初期，對愛情投入程度很高，一旦面臨分手或失戀，在心理上無法接受壓力而魯莽行事，無人阻止或勸說無效，因而釀出悲劇。

臨床上，如果有出現類似恐怖情人的案例，應該請家人及朋友提早介入協調，尋求醫療、社工、司法或警政的資源，讓雙方兩造在第三方的協助下，理解問題核心所在，和平理性的溝通，進一步解決彼此感情的問題，避免恐怖情人悲劇的發生。

12

擺脫失敗後的陷落

Sky（化名）在高三時，因為出色的外形與高䠷的身材，被同學拉去參加模特兒選拔活動，最後從眾多的參賽者中脫穎而出，非常幸運的以模特兒的身分進入演藝圈發展。

在偶然的機會裡，有個導演相中了他，並且居中牽線，讓他擔任一位當紅女歌手的主打ＭＶ模特兒。沒想到，他高貴與清新的美少年氣質竟然意外引起話題，除了在各平面和電子媒體密集曝光外，同時還吸引了許多廣告商的青睞，接了幾支平面廣告和代言的工作。

上大學後，Sky還和幾位年輕演員一起參加偶像劇演出，當年台灣偶像劇在亞洲地區是居領導地位，播出後收視率居高不下，這股熱潮還席捲了香港、大陸、新加坡，以及東南亞等地，Sky因此一炮而紅，知名度比以前更高，收入自然也更多。

他與眾不同的藝人身分在校內造成轟動，加上他本身熱愛各種運動，多才多藝、幽默風趣，他遂變成媒體寵兒和女同學們熱烈討論、追逐的對象。

Sky喜歡活在眾人的目光和掌聲中，他覺得在鎂光燈下的自己顯得更有自信，而他也拚了命在演藝圈衝刺，只要有任何工作機會，不論是否需熬夜、超時工作，還是晝夜顛倒，他總是精力充沛，神采奕奕，像是永遠不會累，也不會喊停的永續電池一樣。

越來越多的外務對於他的學業成績和上課出席率，自然也造成相當大的影響，他因此延畢了兩年。剛上大學那幾年，還會接到一些知名廠商的工作邀約，但由於他缺乏具有代表性或話題性的新作品，讓他在演藝圈始終沒有再創高峰，兵役也是一延再延。

等到Sky畢業，服役完退伍之後，發現時下的演藝圈不僅新人輩出，甚至連觀眾也喜新厭舊，容易遺忘；曾經紅極一時，炙手可熱的亞洲偶像劇男主角，也似乎在一波波後浪的推擠之下，從人們的記憶中逐漸淡去。

以前找他的案子多半是知名的一、二線品牌或大企業，再不然也是頗有名氣的電視台節目或才華橫溢的導演；但在最近兩年，只剩下一些名不見經傳的品牌、地區性的小廠商會找他，或是偶爾受邀在一些綜藝節目中露臉，而廠商和製作單位的經費也跟以往不可同日而語，而他又不願意放下身段屈就，導致他的收入極為有限，甚至到了維持過去的生活水準都有困難。

頓時失去聚光燈和舞台的Sky，這些年一直都顯得焦慮、不安與失落，他對於自己的未來感到非常茫然，甚至經常性的失眠，往往都是天亮之後，六、七點左右才能入睡。久而久之，他的作息也和一般人不一樣，都是白天睡，晚上醒，有時也會因此而錯失一些難得的工作機會。

時至今日，要他去求職找新工作或轉業已經是不可能的事，而經濟上的拮据，更是他以前從來不曾想過會發生的。他不願意向家人透露目前的處境，也不願意向朋友開口請求協助，因為交遊廣闊，出手大方的他，以往都是他在請客買單，曾幾何時，風水輪流轉，他竟然會淪落至此。

這種不知名的擔憂和恐慌使得他開始有點煩憂不已，為了穩定心情，也為了更好的投資自己，他開始上健身房運動，想讓自己的體態和體能盡可能維持在顛峰狀態，以便等待更好的機會。

不過Sky並不因此滿足，他還向銀行辦理小額信貸，開始購買多種健身器材，只要一有空閒時間，甚至是半夜睡不著，或是感覺焦慮時就會瘋狂的使用各種健身器材來運動，常常一做運動就是三、四個小時以上，一整天下來，幾乎占去一大半的時間。

他甚至長時間投入在網路上的各種健身社團和平台，和網友們討論健身器材與雕塑肌肉的方法，慢慢地他也練就出一身的肌肉，甚至經常在社群網站上分享健身心得和展示身材。

這樣的轉變對他而言有利有弊，以往喜歡他的粉絲多半是被他形象清新、斯文乾淨的花美男氣質所吸引，但現在的Sky卻搖身一變成為肌肉型的猛男，讓他原本的粉絲有些難以接受他的轉變，可是這也吸引了另一種不同類型的群眾和支持者對他的關注。一時之間，兩派粉絲經常在網路上引起論戰，他也頗為享受這種重新成為矚目焦點的情況。

然而「水能載舟，亦能覆舟」，雖然他因此重回人們的視線焦點，成為談論的話題，不過他有時還是會被現在網路鄉民們激烈的批評和尖酸刻薄的言論所激怒。待在演藝圈多年的經驗告訴他，沒必要和網友們陷入口水戰，那只會讓自己失了格調，同時讓酸民們有可趁之機。因此，他只能藉由購買更多運動用品與器材來平息心中的怒氣，家裡也因此堆放了不少未拆封，或是從來沒有使用過的新產品。

這樣的惡性循環造成他財務上不小的壓力，有時候父母到他住處探望他，也常被他堆放的物品所驚嚇，極力勸他不要再亂花錢了，而Sky心裡也知道，自己這樣已經是一種病態了，只不過面對滿室的健身器具，他實在不知道該從何整理，只能推說自己工作太忙，沒時間處理。

一個他熟識多年的演藝圈前輩，有次在和Sky深談之後，發現他的問題和很多人其實都有某種程度的類似，於是介紹Sky來到診所。希望由專業的醫療與建議改善他在生活和心態上的困擾，現在他也開始學著控制自己的購物慾，即使在網路上點選了很多想買的東西，但也都一直放在「購物車」中不結帳，希望有一天能慢慢清除家中多餘的物品，以減輕自己的焦慮情緒和財務壓力。

評析

許多人面對未預期的失落時，不免會感受到心理巨大的恐懼和莫名的壓力，特別是曾經有過非凡表現，與眾不同時，更容易會在這些光芒驟失後陷落。

明朝洪應明所著的《菜根譚》中提到：「寵辱不驚，閒看庭前花開花落。去留無意，靜觀天邊，雲捲雲舒。」人生的道路上，不可能一路春風得意，也可能會遇到坎坷不平的時候。對於一切的榮耀和屈辱，都要能夠泰然處之，用平靜的心情對待，這是一種曠達的心靈境界，是對名利應有的博大胸懷，得之不喜，失之亦不憂。

然而大部分的人，在事業發展順利，名利雙收，春風得意時，卻不懂得居高思危，臨深履薄。依舊一味的繼續攀高，不顧風險，這樣子非常容易在人生的巔峰，瞬間跌入谷底。古人有云，「滿招損，而謙受益」，人生正是這個道理，剛則易折，越結實的稻穗，則越低頭。懂得低頭才能出頭，稍微低下頭，是一種從容，是一種競爭的避讓，是一種生存的智慧。

一旦從亮麗的舞臺走下來後，周遭的一切都會隨之變得黯淡。眾人的掌聲不再，聚焦的鎂光燈移轉到別的主角身上，這種不如預期的擔憂和恐慌，以及隨之而來的不安和失落，開始對未來感到茫然。

如何在陷入低谷中，避免焦慮，失眠，重度憂鬱纏身？畢竟權位再高總有下臺的一天，錢財再多也無法帶走。唯有提醒自己，淡泊明志，寧靜致遠，是在困境中，看淡榮辱與得失，保重身心健康的不二法門。

如果調整心態，正向思考，改變行為，規律生活，充實內在，釋然接受依然沒辦法去除心中的低潮與憂鬱，則應尋找醫療的協助，從身體，心理，和生活三方面了解，是否存在著無法改善的壓力，對症下藥，開立處方。自然可以擺脫失敗後的陷落，重新找回人生道路的方向。

13

脫軌的人生下半場

從外人的眼光來看，麗舒（化名）是個生活幸福、美滿和樂、家庭富裕的人生勝利組，理論上，她的人生沒有什麼缺憾或是值得抱怨的地方。

麗舒的父親早期擔任過國大代表，在地方上是赫赫有名的大人物，在她糊模的印象中，小時候許多政界大老都會到家裡來拜訪。據說從日據時代起，她們家族在北部各地就擁有許多土地與田產，而她們的家族企業包括了建築、進出口貿易、布莊和茶行等多種行業。

父親一共有過兩個太太，她們九個兄弟姐妹則是分屬於兩個不同的母親所生。「大媽」是她的母親，也是父親的第一任妻子，一共生了六個子女，小媽則是父親的姨太太，和父親育有三個子女。

麗舒在家中排行老四，上面有兩個哥哥和一個姐姐，她還有一個弟弟和四個妹妹。家中經濟極為富裕，她從小就過著比一般人更為優渥的生活。

她的先生是受人敬重的高中校長，而他們也生了三個兒女。麗舒對於子女的要求甚高，從他們孩提時期就送到最好的私立學校，也請了家教老師來指導，只不過，子女的成績和表現，距離她所要求的目標還是有一大截的差距。

兒女們雖稱不上非常優秀，但也沒有什麼太過極端和離譜的狀況，唯一讓她有些煩惱的是：兒子總算在四十幾歲結婚了，但是他娶的越南籍太太，在生下小孩沒多久之後說要返鄉探親，竟然就此失去音訊，兒子等了好幾年一直找不到人，她也頻頻催促兒子聲請離婚再娶。兩個女兒也是現在大家常說的「大齡剩女」，一個堅持不婚，另一個則是不斷的換男朋友，不曉得什麼時候才打算安定下來，問她總說「自有打算」。

原本她以為風平浪靜的生活，卻在父親過世後，兄弟姐妹們為了爭奪龐大的遺產而撕破臉，甚至因此對簿公堂，整日興訟，昔日檯面上看似風光、其樂融融的大家庭也變得四分五裂。

本來她還想居中調解手足間的紛爭，結果彼此反而產生更多誤會，父親走了之後，老家被分給其中一個哥哥，大夥兒因為財產吵到感情失和，現在連老家都回不去了。

先生因為意外捲入一椿弊案，但他不甘受此冤屈，某一天竟然留下遺書控訴種種不公，在學校自殺了。更具爆炸的消息是，先生竟然早已外遇多年，還因為各種高額的支出和借貸，為了努力補足缺口，買了不少高風險的股票和基金，慘遭套牢，身亡後留下一大筆爛賬。

由於家族間的爭產始終沒有結論，大夥也拿不到錢。麗舒的自尊心高，不願讓兄弟姐妹們知道自家醜事，甚至連先生過世都沒有通知他們。她只好用先生的保險金和僅有的存款還清了一部分債務，並且賣掉他們在市中心住的房子，搬到郊區租了間小公寓，用來償還其他的欠債。

短短幾年內，麗舒接連失去父親和先生，面對各種家族糾紛與手足失和，加上在婚姻中受到的背叛，剛開始只是不易入睡和淺眠，接著情況日益嚴重，常常睡著後不斷做夢，醒來後一夜無眠，躺在床上回憶前塵往事，對於未來也感到絕望和憂心。

她時常想不通：她的人生明明一切都相當順遂，但老天爺對她開了一個大玩笑，導致現在的困窘。

除了手足爭產不休，和先生的關係也是，她一直認為先生向來生活簡單且自律，他們之間沒有隱瞞，卻沒料到一起生活大半輩子的人，竟然有這麼多祕密是她從來不曉得的。兒女們同樣也是傷她的心，她一直希望，他們能夠按照她規畫好的路去走，但卻沒有一個能夠讓她順心的。

很多時候她甚至覺得：這種日子還能過下去嗎？活著到底還有什麼意義？到後來，她真的過得很不快樂。但是在人前，她還是得勉強維持望族之女和校長夫人的形象。

因為需要兒子開車帶她定期回診，但兒子卻經常不見人影，後來輾轉得知原來他還沒放棄尋找他太太，不但曾多次去中南部去找人，甚至連越南都去了好幾趟。

麗舒非常生氣兒子的欺瞞，覺得他不該和先生一樣騙她，除了逼著他訴請離婚，更要他早點放棄，否則就要斷絕母子關係，兩人的相處變得格外緊張。

而大女兒因為不滿哥哥的不負責，也對母親的偏袒很不諒解，因此極少回家，母女和兄妹間的關係也陷入膠著情況。唯一會時常打電話回家關心她的小女兒，就像是她最後的依靠和少數能夠相信的人，小女兒的種種貼心行為也讓麗舒覺得，她是這個世界上唯一還願意傾聽她說話和真心對待她的人。

十年前，麗舒到醫院就醫檢查時才六十多歲，兒女們大約是三、四十歲左右，如今麗舒已經是七十多歲的老太太，年屆五十的大兒子最終也如她所願離婚了，但是麗舒的情況並未因此好轉。

有時她會和鄰居吵架，甚至是莫名其妙的向親友借錢，借不到還會大吼大叫。有時夢到先生，許多次還會哭著醒來，對他的背叛仍然憤恨難平，最近偶爾還會跟女兒說，有人要害她，是那個外遇的對象要來搶走先生。

但很多時候麗舒的精神狀態又與正常人無異，讓兒女們搞不清楚，母親究竟是為了吸引他們的關心而裝病，還是因為長期憂鬱產生被害妄想，而他們為了照顧麗舒也經常疲於奔命，最後大兒子辭職在家，全天候的盯著她，才能減少一些意外的發生。

評析

「天有不測風雲，人有旦夕禍福。」這句話許多人耳熟能詳，就是在說明人生無常，世事難料。主要是提醒大家重視宇宙天地，隨著時間變遷，人生會出現重大驟變。原來晴空萬里，突然驚天霹靂，所有人原來過著風平浪靜的生活，突然間面對不測之風雲，無常人生，突發禍端，一般人情緒都會深受打擊，心煩意亂，焦慮憂愁，深陷困境，無法自拔。

老子《道德經》說到：「致虛極，守敬篤。」這是要我們以虛靜平和的心情，曉悟宇宙天地均依常道而運作，譬如：春夏秋冬、花開花謝、日出日落、潮漲潮退、陰晴圓缺。人生經常之道亦復如此，譬如：生老病死、聚散離合、成敗得失、盛衰起伏。

若能以平常心來面對無常事，凡事遵循天道，以虛靜觀照，體悟天道之常，知常守常，讓生命保持平靜，冷靜面對突如其來的無常禍端，理性找出解決困難的方法，平和尋求資源的協助，坦然面對天道的變化，和隨之而來的人情冷暖，就不會受到晴天霹靂的重大傷害。

如若不然，自怨自嘆，自憐自艾，很容易就被無常的世事擊倒在地，深陷重度憂鬱。人生原來處於順境，卻突然置身災厄逆境，要能以平常心勇敢面對，受得住此等無常災厄與逆境。千萬不要灰心喪志，為其所挫，所謂「憂危啟聖智，厄窮見人傑」。遭遇打擊絕不悲觀，不屈不撓接受考驗，最後定能克服難關，見到光明。

心理層次，在無常來臨之際，的確需要從容勇敢，平靜面對，困苦窮乏，鍛鍊身心。但是如果個案本身心理體質脆弱，或是有憂鬱、躁鬱、自殺的過去及家族病史，對於突如其來，未期待的失落打擊事件，譬如：失親、失婚、失戀、失業、失學、失財、失敗、失能、失去健康等，很容易造成巨大壓力，出現憂鬱情緒、負面思考、悲觀意念、一蹶不振，處於自傷或自殺的風險中。家人的陪伴與支援，及早就醫診療，會是最明智的決定。

14

失婚與失業的雙重打擊

潔玲（化名）近來由於精神狀態不佳，有多次企圖自殺的紀錄，最後被她的身心科主治醫師強制要求住院。住院期間，情況雖有好轉，但仍然未達出院標準，而她卻多次想要請假外出求職面試，甚至央求好友幫忙掩護，讓身邊的家人和親友都傷透腦筋。

她唯一信任的人是之前對她很好的公司主管，潔玲無論是生活或工作上，任何疑難雜症都是找她求助，卻不知這也造成對方無形的壓力，因為潔玲只願意把所有的情緒和心事和這位主管分享，甚至比告訴醫師的事情還更多。當然也占用對方很長的時間，加上潔玲長期傾吐的都是負面情緒，旁人的建議和安慰對她來說，都是徒勞無功，也不免令人感到灰心。

原先潔玲任職於一家私人公司，是個工作能力相當出色的女孩，主管對她的評價極高。不過在她婚後不久，身體檢查出一些狀況，導致日後無法懷孕，先生是家中的獨子，他的父母要求兩人離婚，否則家產不讓先生繼承，甚至要兩人從公婆買的新房搬出去。

本以為愛情長跑多年的先生會安慰自己，幫自己說話，沒想到，他卻在這種「關鍵時刻」順從家人的意見，不敢發聲；性格好強的潔玲，不能原諒先生沒有站在自己這邊，加上日漸激烈的意見分歧，磨擦衝突，於是她便果斷地簽字離婚。

結婚後，自己的房間早就被兄嫂改成兒童房讓小姪子們住，她也不想讓身體不好的媽媽擔心，於是她選擇一個人在外租房子，默默的承受自己的傷痛。

剛離婚那陣子，潔玲會一直回想起夫妻相處的點點滴滴，和先生一起去過的地方都格外令人觸景傷情，看到家中許多之前一起買的東西、拍的婚紗照都覺得極其諷刺，於是她將所有和兩人有關的物品全部丟掉，婚紗照也用美工刀割成一片片，彷彿像她那傷痕累累的心，以及殘破不堪，無法重來的人生。

由於以往兩個人都非常高調的秀恩愛，先生每天都會來接她下班，所以同事們幾乎都曉得潔玲有個對她極好的另一半。後來消息走漏了，所以她已經離婚的消息便不脛而走。

潔玲是個自尊心很強的人，發生這種令她覺得難堪的離婚，她無力挽回，也不想挽回。她本身很喜歡品酒，對於酒類也算小有研究，於是經常自己買了酒，一個人關在家裡喝，頂多難過時打電話給幾個好友和閨蜜哭訴，一起咒罵這段短暫、荒謬又可笑的婚姻。

一次年度的工作會議中，其他部門主管提到她企畫案中的缺漏，希望可以調整得更加精進，潔玲便如刺蝟一樣豎起全身的刺，奮力反駁，堅持自己原來的企畫不願讓步，最後甚至演變成她決定要辭職以示負責，其實事情並沒有她所想的那麼嚴重，因此她的主管也多次勸她不要想太多，放鬆一些，努力慰留。

潔玲一方面因為自己長期情緒低落，另一方面，她也不想再忍受同事們投以異樣的眼光，依舊鐵了心離開工作八多年的公司。從每天忙得團團轉的工作中一下子閒了下來，潔玲反而有些不適應，只能告訴自己，就當做是得來不易的長假，自己也能趁此機會好好休息和散心。

雖然她工作多年，也還有一些存款，但長期坐吃山空也不是辦法，休息了大半年之後，潔玲曾試著投履歷表再找新工作，還好幸運地很快被錄取，但到職之後才發現和她所想像的工作內容不一樣，就這樣，她陷入多年無限循環的迴圈：找工作、面試、到職不久後離職，然後又開始下一次的找工作、面試、再離職……

這樣的處境讓潔玲感到十分挫敗、灰心和鬱悶，她不明白自己的人生怎麼一下子就變得如此一敗塗地，連找工作都不順利。她常常覺得情緒低落，一個星期有好幾天都是一邊哭著，一邊喝著酒睡著，可是夜裡又很容易醒過來，醒來之後又是上人力銀行找工作到天亮。

熟知她工作能力的朋友訝異於她的情況，也曾好意多次幫忙介紹工作，甚至建議她如果有憂鬱症的情況，應該趁早就醫。潔玲也因此去看了身心科，想努力振作，好好治療憂鬱症，趕快找到工作，讓生活步入正軌。沒想到幾年下來，她的憂鬱症時好時壞，也沒有完全根治，卻常常因為旁人無意間的打探和刺傷，因此觸發了她的病情，讓她多次自殺尋死。

從此，無論是熟或不熟的親友同事，大家都不敢再輕易的介紹工作給她，害怕帶給她太多的壓力。而潔玲也從過去熱情活潑，相交滿天下的個性，轉變成現在經常把自己關在家裡，極少出門，社交恐懼和人際退縮的情形，也由於狀況不穩定，而被家人送醫處理。

評析

女性患者罹患重度憂鬱的比例是男性患者的兩倍，失落打擊事件又是引發重度憂鬱的重要肇因。當女性患者在結婚後，常常會遇到一些導致婚姻不幸福的狀況，譬如說，先生外遇、婆媳問題、姑嫂不睦、無法懷孕、工作家庭兩難兼顧等，因而導致離婚結果，這在現代社會相當常見。

此外，中年失業帶來的痛苦與壓力，不輸給重要親人過世，或個人罹患重病。此時中年失婚，加上失業的雙重打擊，往前看還有長長數十年要過，這時候無啻雪上加霜，給人生重重一擊。

因此，中年人想重回職場，一定要有心理上的準備，需要回到現實環境，不可一直沉浸在過去工作的成就中，可以嘗試學習新技術，另外轉換跑道，將腰桿彎低、拉下身段，把煩憂拋諸腦後，和年輕人打成一片，努力開創事業第二春。

臨床上，因為失婚而到身心精神科就診的女性患者，為數也不少。究其原因，大多數患者，在離婚後經濟難以獨立，或是在離婚後重回原職場，工作能力不比從前，或是專業知識已經過時，脫離公司團隊過久，可能會對工作感到壓力，或覺得失婚是一種失敗的象徵，這些可能都會讓患者陷入憂鬱的情緒。

一旦陷入憂鬱後會難以勝任原工作，極易被服務單位辭退。由於中年就業，要再重找工作，困難重重，屢遭拒絕的情況十分常見，令人挫折氣餒。長期待在家中，漫長的期待等待，容易焦慮不堪，出現低潮憂鬱的情緒。

由於患者面對失婚加上失業的雙重打擊，如果又沒有娘家的支持和協助，一個人孤單寂寞，缺乏和他人互動，很容易發生重度憂鬱症。此時，患者沒有自覺負面情緒的能力，不知道求助或就醫治療。惡性循環下，悲觀絕望，會覺得活著沒有意思，缺乏活下去的勇氣，與起輕生念頭，甚至會出現自殺企圖。此種患者須及時加以關注，必要時需就醫診治，避免嚴重後果。

15

夢碎的遠距婚姻

文哲（化名）和太太小娟（化名）這兩年一直在討論是否要回老家工作，兩人時常因為各自立場不同而有言語上的衝突。

在文哲和小娟結婚後不久，兩人就曾討論過這個想法，當時孩子還未滿一歲，加上小娟在醫院的加護病房工作，原本壓力就大，而且需要固定輪值夜班，休假不但無法好好休息，還要把小孩從保母那裡接回來親自照顧，非常的辛苦。考慮到目前工作的經濟收入，以及孩子要重新適應環境，怕會造成太大壓力，於是便打消舉家搬回老家住的念頭。

文哲和小娟從大學時就認識，兩人愛情長跑十年，後來也同居了幾年，兩個人的薪水加起來要應付小倆口的日子原本也是遊刃有餘，但因為小娟意外懷孕而不得不提早結婚。孩子出生之後，漸漸增加了奶粉、尿布、衣物、玩具和各項用品，以及保母費等相關支出，考慮到要給孩子更好的生活品質，才讓文哲漸漸產生了回南部工作的想法。

因為他覺得目前的工作發展性不高，但如果回去老家科學園區的大公司工作，不僅待遇和福利方面可能大幅提升，半導體產業的未來也比較具有前瞻性。他打算一家三口搬回老家住，一來可以節省房租，再者他的薪水也一定比現在高，物價水準卻比現在住的大城市更低，一定可以存下不少錢做為孩子未來的教育基金。

可是小娟卻不這麼想，因為她已經在目前這家醫院服務多年，是非常資深的護理師，和同事相處與配合都極有默契，薪水和福利也是相當不錯。但如果和文哲一起回去南部，首先要面對的問題就是，她必須得重新找工作，而且以前在醫院的年資和資歷都沒了，薪水和福利自然也不太可能有現在服務醫院的水準，就等於一切都要從頭開始。

再者，一旦回到先生的老家，雖能省下一筆房租，但是要和公婆、妯娌及姑嫂相處，彼此個性和生活習慣都不同，她還要照顧剛出生不久的兒子，面對這些未知與不確定性，她心裡多少還是有些掙扎和抗拒。

而且她私心以為，先生覺得他老家那裡物價水準較低，但是相對的在保母素質方面，和孩子以後的教育資源與發展，選擇性一定遠不如現在所住的都會區。兩個人無論是走或留，勢必其中一個人要做出犧牲，而他們各自的出發點和考量也不是全然沒有道理，因此，兩個人每回的討論總是陷入兩難的局面，停留在原點。

最後他們決定讓文哲先回鄉找工作，順利找到就可以住在老家，等他放假再與妻兒相聚。這樣兩地往返雖然辛苦了點，但至少可以滿足各自在工作上的需求與堅持，兩個人就不必再僵持不下了。

很幸運的，文哲被一家上市的大公司錄取了，於是他就當起了所謂的「候鳥爸爸」。他藉著自身的條件和專業能力，一年內很快就晉升為小主管，薪水也如他所願的提高了，但相對的，責任與壓力同時也更大。而且和太太一樣，必須長時間輪班，對於體力也是一大考驗，日子久了，文哲漸漸就不像剛分開時那樣，三天兩頭跑去看太太和兒子。

從事醫療護理工作本就十分辛苦，原以為同意先生南漂回鄉工作，他會更體諒自己一些，沒想到竟然換來先生的「冷淡」和「不聞不問」，小娟心裡有苦難言，覺得自己同樣要工作，卻又必須一個人肩負起照顧孩子的責任。休假時她也很累，也想好好睡個覺，可是年幼的兒子未必能夠配合大人的生活作息，她也是滿腹委曲與心酸。

小娟很嚮往能和文哲建立屬於自己的家庭，沒想到真正擁有之後，卻不如想像中那般美好。文哲心中其實也有類似的想法，雖然初次為人父母的確是一件值得開心慶祝的事，但對於自己未來的夢想，他其實也想追求更高遠的目標。

現在每次放假，他都得拖著疲憊的身心，開車北上和老婆兒子團聚，或者說和太太換班，讓她也能稍微休息。曾經有幾次，他明明休假卻騙老婆說要加班，但其實是在老家通宵打電動，想藉此躲避和拖延。

每次兩個人難得一起排休，常常因為彼此休息時間不夠或睡眠不足，火氣都很大，太太嫌棄他不懂得如何照顧小孩，只會一直打電動，在講話口氣和態度上都很「衝」，吵架也成為家常便飯。對他來說，「回家」成為一種想逃也逃不掉的責任和壓力。

尤其每次面對太太打電話詢問：「你什麼時候休假？什麼時候有空回來看我們母子？」他總有一種被人拿刀架在脖子上，逼得他喘不過氣來的感受，自己完全沒有一點私人的空間和時間，夫妻間也失去了以往兩個人在一起時的快樂和甜蜜，剩下的只有彼此的埋怨和不諒解，成了最親近的「陌生人」。

當自己一個人在高速公路開車，往返兩地時，就會快意奔馳和盡情享受著速度所帶來的危險、刺激以及興奮，因此文哲接到好幾張超速罰單。曾經有過某些瞬間，他也幻想著：如果就這麼一直踩著油門不放，那麼所有一切的壓力就能解除了，當然這種念頭也只能夠放在心裡想想而已。

每逢休假，文哲就一邊開著車，一邊抽菸，在心中默默倒數著自己短暫的「偽單身」時光，同時也哀悼著不知不覺中失去的珍貴自由。

評析

遠距的婚姻，一開始的計畫，都是夢幻而充滿美好。然而隨著時間的久長，許多現實的困境陸續浮現。彼此心靈的距離慢慢被時間拉開，由於欠缺溝通的時間，也無法面對面地表示彼此的愛意，加上雙方都有各自必須面對的生活壓力，如若幾經調整和妥協，卻仍然無法在生活中認清彼此，取得共識，很有可能引發婚姻破裂的危機，原來甜蜜的愛情，也終將變成最沉重的負擔。

生活遠距婚姻中，往往必須單獨面對各種生活壓力，此時可能會出現緊張、焦慮的情緒，甚至衍生出強迫症的症狀，這些強迫症狀，包括反覆行為或重複思考。譬如說：患者會不斷反覆的洗衣、洗手，或洗澡等，一出門就害怕被弄髒，或受污染的強迫想法，不斷地在腦海中出現。

即使自己明明知道這些想法在現實中是不需擔心的，但這些強迫想法仍是揮之不去，不斷干擾，必須要靠反覆的清潔行為讓自己可以減輕焦慮，達到安心，覺得沒有被弄髒或受污染為止。

有的患者則是會擔心門窗或鎖沒有關好，需要反覆不斷的檢查，關門、關窗、或上鎖，一直到內在安心為止。

大多患者會和這些強迫症的症狀和平共存，時間很長，多達數年。這些反覆行為的症狀會慢慢由輕到重，衍生出更複雜的「儀式化行為」。有的患者則無法忍受這些強迫症狀，花費相當多的時間在重複行為上，痛苦難受卻無可奈何，甚至連家人也一起受累。

一旦遠距的婚姻出現裂痕，有可能單方面就會出現許多心理狀況，除了上述所舉例的緊張、焦慮，或是強迫症的症狀，也有可能出現社交焦慮，人際退縮。更嚴重的患者，則會出現缺乏興趣、情緒低潮、憂鬱沮喪、內在空虛、提不起勁、不想出門、無法入睡、胃口不佳、體重改變、負面意念、悲觀想法、自責不已，陷入重度憂鬱的狀況。

大多患者並不知道自己已陷入憂鬱，需要心理支援或醫療協助，他們可能自行採用喝酒、服用安眠藥物、上網、血拚、暴食、追劇、追星、胡亂投資金錢、採用交友軟體結交陌生異性等等做法來改善心情，這在臨床上是十分常見的現象，但這些都不是正確和健康的做法。

雖然遠距那端的另一半，可能不曉得狀況的嚴重性，不過總有東窗事發的一天。正確的做法應該是由有困難的一方先提出問題，兩人共同面對困難，尋求資源協助，設法解決，訴諸婚姻心理諮商或是身心精神科醫療。

16

更迭不斷的滾石職涯

逸雲（化名）雖然三十歲了，不過至今工作仍然不固定，他待過的公司時間最長的不超過兩年，最短的大約是三個月，每隔一段時間，朋友和家人就會聽到他又換工作的消息。

雖然長輩一直勸他要定下心來，好好的在一家公司努力奮鬥，才會有穩定的升遷和發展，經驗和人脈才能夠真正累積，這樣一直換工作總不是辦法。

逸雲雖然嘴上敷衍地應著：「好啦！我知道啦！」可是他的心裡卻有些難以解釋的想法，實在很難向所有人交代清楚。其實他很想找一個適合他的環境，可以讓他完全發揮真正實力的地方。

他總認為：「燕雀安知鴻鵠之志，是金子在哪裡都會發光的，而且是大家都不了解他的才華與潛力，才會覺得他沒定性，遲早有一天，他一定可以遇到能發掘他的伯樂。」多年來，他也一直不斷地在尋找他心目中所謂的伯樂，和真止適合他的工作。

坦白說，逸雲的確也算是多才多藝的人，念大學時，由於曾到酒吧打工，因而接觸了調酒和一些簡單的料理，他一時興起，還去考了調酒師的證照。相當熱愛工作和喜歡接觸人群的他，不僅很快就能和客人及同事打成一片，也為店裡的業績提升了不少。畢業後順理成章繼續留在酒吧工作，只可惜，在一次和主管的溝通上發生了一些不愉快，他竟憤而辭職了。

除了擔任調酒師，他在街舞表演方面，也頗有才華，曾和同學多次一起組隊參加比賽，獲得不錯的成績。他甚至考慮過，也許可以從事相關的表演工作，還差一點被同學鼓吹去考個街頭藝人證照，就能盡情表演和從事他喜歡的舞蹈工作。只是這份熱情並沒有持續很久，很快的，他就以收入不穩定，未來沒有發展的理由而放棄了。

後來他也陸續找到房仲、保險業務、行銷企畫，甚至是直銷工作……各種你所能想像的工作他都做過。對他來說，人這一輩子如果只能固定做同一個工作，幾十年都只待在同一家公司或者是同一個領域，那麼人生會多無趣啊！不僅日子會過得單調、乏味而空洞，就像被逼著永遠只能穿著黑白兩種顏色的衣服一樣。

雖然他頻頻更換工作，可是對於每個工作投入的熱情，也常常讓周遭的人衷心佩服。他工作起來簡直是「拚命三郎」，整天腦海中的思緒猶如萬馬奔騰，總有千百個創意靈感不時迸發，他的努力加上對自己的自信，的確也讓他在每一個工作中發揮水準，表現可圈可點，日子過得多采多姿，讓很多人羨慕不已。

但其實只有他自己知道：雖然他有許多的點子及想法，但是行動的速度卻永遠無法跟上飛躍的思緒。有時候，光是想到這點，便會讓他的情緒感到莫名的焦慮不安，心生恐慌，心跳莫名的加速，四肢微微發抖，沒來由地升起一股害怕和恐慌的強烈感受；有時則會產生一陣胸悶，似乎有什麼東西重壓在胸口上，逼得他無法喘息；有時他的心情會在一瞬間跌落谷底，極度沮喪，全身無力，十分倦怠，甚至會覺得自己很沒用，人生很挫敗，活著沒有意義和價值，相當無助無望。

逸雲的工作表現出色，心思細膩，情緒敏感，經常一件很小的事就會讓他非常激動，彷彿打開了什麼開關一樣，無法停止。雖然波折不斷的職涯不能盡如人意，但大多時候他依然樂觀的認為：飯還是要吃，覺還是要睡，日子總要過下去。地球不會因為他的沮喪就停止轉動，每天還是一樣會有日升和月落。

他不想讓人發現他脆弱的一面，因此他找到一種調整自己的方法，只要在心情沮喪時，吃點巧克力就能減少鬱悶低落的心情，甚至還會產生一種愉悅的滿足和快樂的感受，想像人生所有的困難都能迎刃而解。

他甚至還特別比較了不同品牌的效果，所以後來大家都曉得，他口袋裡總會常備一盒巧克力。同樣的事情一旦重複很多次，便會成為一種習慣，每當他覺得焦慮緊張、惶惶不安、心無所依的時候，他就會一個接著一個吃著巧克力。

如果當天有什麼重要事情或是正式場合，他沒有準備一些巧克力在身上，就會因此感到焦躁不安，連呼吸都在無意間急促了許多。再到後來，巧克力也像是失去「效用」，逸雲轉而開始吃各種糖果、餅乾之類的甜食，而且還是國外進口，甜度膩到嚇人的那種，原本體重只有七十二公斤的他，還一度胖到將近一百公斤。

雖然他的工作能力優秀，常常得到主管和和同事的認可，但如果仔細觀察，逸雲在不經意間，常常會不自覺流露出一種心不在焉的感覺，就像他人在現場，可是他的思緒和注意力不曉得早已神遊到什麼地方去了。

他有時會和朋友說：自己好像走錯了地方，誤闖了某個空間，才會顯得和這個世界格格不入。而且變胖後的他，對自己的信心打擊不小，相當嫌惡自己的身材。

最近半年，逸雲又開始對目前的工作環境感到不滿，可是又因為心軟而放不下，無法狠心辭職，留下來又覺得志不在此，根本沒辦法定下心來好好工作。這樣的情況對他而言，也成為一種無形的折磨，讓他痛苦萬分，他時常為此煩躁而睡不好，經常半夜睡到一、兩點就醒來，或是睡睡醒醒的折騰大半夜。

幾個和他比較熟的朋友看他老是心情不好，便約他一起去做他喜歡的戶外運動，可是幾次下來，逸雲對於一直以來他很喜歡的各種活動都因肥胖，缺乏動力，提不起一點興致。

有一次，他還沮喪的對朋友說：「這樣的痛苦要持續到什麼時候才能結束？每天這樣有如行屍走肉，我真的煩躁到很想死。」

朋友驚訝於他的異常和不對勁，和他以往的樂觀性格相去太遠，才趕緊拉著他看醫生，希望能幫助他調整心情，改善睡眠問題，改變飲食習慣，並且減輕工作上各種壓力帶來的負面影響。

評析

有些人一直在找尋自我存在的價值與生命真正的意義，看似對很多事情都有興趣，但是熱情卻難以持久。「滾石不生苔，轉業不聚財」，轉換工作並不是一件壞事，但是要看更換工作的時間，以及更換後的下一份工作是否更適合自己。如果更換工作的次數過於頻繁，或是每份工作待的時間都很短，每次更換的工作領域都不相同，博而不精，不但無法提升自己的專業能力，反而會削弱自己在職場上的競爭能力。

有些人總是認為自己才華滿腹，面對眼前的工作覺得太過低等，不然就是覺得工作環境不優，眼高手低，經常抱怨，對一項工作沒有辦法把心靜下來，好好做個幾年。如此便無法累積專業知識，充實工作經驗，培養相關人脈。

經常更換工作，不滿現況，對單位缺乏忠誠度，單位雖然僱用你，卻要時時擔心你什麼時候辭職，好不容易教會你，可以上手了，你卻又撒手走人。這樣對企業來說，根本是浪費時間和人力成本。如果想要拿到高薪，除了本身擁有別人所無法取代的專業技能外，還有就是你在一個地方，服務的年限是否長久。

經常頻繁換工作的人，經過了十幾年的光陰，和同年齡的同仁或同學相比，在工作成就，或是薪水高低上，很有可能相差一大截。這個時候，有的人就會感嘆「龍游淺水遭蝦戲」，感覺他在世間受盡委屈，懷才不遇，不受重用，遭人誤解，沒有良好的環境好讓他一展長才、發揮抱負，猶如蛟龍在淺水中，遭到小蝦戲弄，因此憤世嫉俗，人人都對不起他，自怨自艾，竟日怨天尤人。

除了頻換工作外，也有人選擇投資創業，如果是自己長期關注熟悉的行業，可能還容易上手，可駕輕就熟，事業蒸蒸日上，偏偏目前的大環境並不是那麼利於創業。

北宋〈破窯賦〉有道：「人有沖天之志，無運不能自通。」當面臨創業失敗和錢財散盡之時，有的人會勘破世事，看淡人情，不比較，不計較，坦然面對自己錯誤，檢討改進。有人卻會覺得「虎落平陽被犬欺」，自大地覺得自己的能力很強，有如老虎、獅子般的威風，卻沒有山林讓他一展身手，恨天恨地，一敗塗地。

臨床上，這樣的患者大多會有情緒起伏，意念奔馳，誇大得意，腦中充滿許多點子，精力充沛，行動力強，完美主義，說話快速，極不耐煩等特徵。一旦出現壓力過大則可能徹夜失眠，情緒失控，行為魯莽，頂撞上司，人際關係破裂，連家人也都避而遠之。身旁如有這類患者，宜及早勸他尋求心理諮商，或專業身心科之診療為宜。

17

高齡親人的照顧難題

佟小姐（化名）臉上總是帶著滿滿的笑意，健康的小麥色肌膚更加襯托出她的開朗氣質，雖然外表看起來頗為陽光和樂觀，可是她心底卻有許多說不出口的「難言之隱」。

她最大的壓力和困擾是來自於她的母親。因為單身未婚的緣故，多年來，照顧父母的責任就落在她身上。哥哥和姐姐因為結了婚，擁有各自的家庭和工作，對於父母總像是偶爾來探訪的親友一樣，卻又時常對佟小姐下指導棋。

由於她是老么，父母四十歲才生下她，因此她和兄姐年齡差距也大，加上個性很好說話，配合度高，自小就是長輩說什麼就照做，很少有機會能表達自己真正的聲音和想法，但是經年累月下來，總會感到疲累，尤其是近來母親對她的態度，使得身心俱疲的她彷彿到達臨界點，再多走一步就會掉到萬丈深淵。

佟媽媽的老家在大陸東北，和夫家都是地方上的望族，佟家還是清朝的八旗之後，聽說當時祖上還留下不少房子和土地，她和兄姐們出入都有專人伺候，稱得上是生活無憂的千金大小姐。結婚之後不久，她就跟著先生和政府輾轉撤退到台灣來。

佟媽媽一共有三個子女，大兒子和大女兒已經結婚多年，也都生了小孩。長子和長女都非常優秀，有著很好的工作與極高的社經地位，常是佟媽媽稱讚誇耀的對象；小女兒年紀最輕，八年前為了照顧長年臥病在安養中心的父親，毅然地放棄在加拿大的高薪工作回台，至今將近五十歲仍然未婚。

佟小姐回台後在一所私立小學任職，每天都是下了班直奔安養中心，待到最後一班捷運即將收班時，才拖著疲憊的身心回家梳洗，同時準備第二天的上課內容，幾乎可說是她獨自照顧臥病在床的父親，長達六年之久。

一天二十四小時，扣掉上班和待在安養中心陪伴照顧，以及往返的通勤時間，每天能夠睡覺的時間其實很短。因此，佟小姐臉上總有著明顯的黑眼圈，得用化妝品來掩飾，但她總是開玩笑說反正自己膚色黑，而且老是睡不著，需要的睡眠時間也不長，累一點也無所謂。

兩年前，佟小姐的父親多次進出加護病房，最終搶救無效，離開人世。佟媽媽雖然兒孫成群，但由於長子和長女早已另外買房子，並沒有住在一起，只剩下單身的小女兒和她相依為命。佟媽媽年紀大了，行動有點不便，而且還有輕微失智跡象，每次她獨自外出，卻常常忘記回家的路，連住家地址都說不清楚，曾經多次被警察和里長送回來過。

佟小姐每天都得早早出門，一到下班時間，如果沒有在預定時間內到家，佟媽媽便會一直冷嘲熱諷的對她說：「妳是不是嫌我老了，嫌我累贅，覺得我會拖累妳，所以妳不要我了，不想回到這個家是吧？」

剛開始，佟小姐覺得也許是因為父親剛過世，母親頓失依靠，缺乏安全感需要人陪，所以她下班後和放假時都盡可能的陪著媽媽。想帶她出門走走，但行動不便的佟媽媽又不喜歡出門，總說出門一趟太累了。

當她待在家裡時，又會不時聽到媽媽跟親戚朋友在電話中，數落她的種種不是，說她不如兄姐出色，說她的不是，想要拋棄她，還將她六年多來，每天在父親病床前辛苦照顧的事一筆抹煞，完全忘記她的付出。

親友稱讚佟小姐孝順，放假還會在家陪伴媽媽，佟媽媽則回應是因為她人緣不好，沒有朋友，也沒有對象，其實她並不想在家陪她這個老人，還常常脫口而出：「我應該跟著老伴一起走的」、「女兒都是為了我的錢才照顧我的」等各種傷人的話。

佟小姐覺得很受傷，心中也很難過，無論她在家與否，媽媽總是完全否定她的努力和付出，她甚至覺得，在母親眼中只有哥哥和姐姐才是符合她完美標準的優秀子女，自己永遠是失敗者的那一群，偶爾也會生氣的和母親大吵一架。

有時候她和同學一起吃飯，或是出門採購生活用品，在外面的時間久一點，佟媽媽又會頻頻打電話給她，催促她趕快回家，路上要注意安全。這類的叮嚀聽在佟小姐耳裡又覺得很受用和窩心，感覺自己是被媽媽需要的。

佟媽媽今年已經九十歲了，行動力和聽力都日漸退化，有時候看到子女兒孫們湊在一起講話，重聽的她總覺得他們是聚在一起講悄悄話，說她的壞話。但其實是因為她個性急躁和行動不便，子女們怕她走太快跌倒，都會趕快過來攙扶她，而她卻用一雙充滿了懷疑的目光緊盯著大家，深怕錯過了什麼似的，對周遭的人極不信任。

佟小姐曾多次和兄姐們討論，覺得母親生病了，需要請專業的看護協助，或是送到照護機構，否則白天她要上班，母親獨自在家，她也放心不下。卻得到兄姐們回應：「別想太多，老人家都是如此，而且媽媽不喜歡有外人在家，送她去安養機構情緒必定更糟。」

但她始終認為，母親不只是強烈缺乏安全感，擔心被拋棄，因為當她在家時，媽媽的焦慮不安和恐慌雖然得以短暫解除，但過後卻會不斷的再次發生相同的情形。

年輕時曾經罹患憂鬱症的她，現在幾乎被媽媽搞到神經衰弱，憂鬱症有復發跡象。睡眠本來就很少的她，近來更是不時會有頭痛，喉嚨發炎的情況，還因為講話沒有聲音必須請假，到大醫院做了各種檢查也查不出原因來。

朋友們偶然問起她的近況，她往往只能言不由衷的回答：「還可以」。事實上，所有的苦樂都摻雜在生活中，只是這種有如慢性病般折磨的痛苦，總會冷不防的刺痛著她，驅使著她拖著沉重的腳步，過著看不到盡頭的每一天。

評析

「羊有跪乳之恩，鴉有反哺之義」，做子女的孝順父母，自古以來皆有明訓。然而現代化社會，隨著社會變遷與醫藥衛生的進步，台灣人口平均壽命長期呈現上升趨勢，加上生育率及死亡率的下降，致使整體人口結構快速趨向老齡化。老年人口長期需要照顧的人數急劇增加，個人與家庭的照顧壓力日重，甚而衍生出照顧者的壓力情緒問題，以及家庭問題。

家中如果有年邁又患慢性疾病的親人需要照顧，一般的家庭可能是由一位親人全天照顧，或由家人輪流排班，也有聘用二十四小時看護人員，聘用外籍看護全天在醫院照顧，或白天請人看護，晚上則由家人輪替。

在照顧年邁又有慢性疾病的家人過程中，據調查，女性照顧者約占七至八成，四十歲到六十歲的照顧者，則占了百分之五十至六十。最讓照顧者感到沮喪的壓力包括：一、失去自己的生活，二、工作和照顧兩頭難以兼顧，三、經濟困難等。

更可憐的是，很多家庭沒有時間照顧長輩，必須送進長照機構。長照機構不管是護理之家或安養中心，也是一床難求，照顧的品質參差不齊，有時遇到患者的病情發作，必須送往醫院接受醫療，可能另需支出一筆龐大費用。

對於照顧者而言，需承受極大的身心及經濟壓力，就算把家人照顧好，自己也可能因壓力過大而倒下，更有甚者，出現比被照顧者先行離世的悲劇也是有的。

臨床上，照顧者被照顧壓力壓得喘不過氣的案例，以憂鬱症最為常見。他們在照顧的過程中，消耗體力、睡眠不足、缺乏人際互助、心理支援不足，面對照顧和自己的工作難以兼顧，心中無助，充滿矛盾，長此以往，極易陷入憂鬱沮喪。當照顧者的精神、體力都無法負荷時，還會造成身體不適，甚至成為重大疾病，如急性心肌梗塞、腦中風等的高危險族群，有時連到醫院看病的時間都沒有就發病了。

目前由政府提供的長照二．〇新計畫上路，乃是擴大服務照顧對象，目的在有效減輕長照家庭的負擔壓力，避免照顧者在長期照顧的身心壓力下崩潰。長照新制所增加的項目包括：一、居家照顧、日間照顧、家庭托顧及專業照顧；二、交通接送；三、輔具服務及居家無障礙環境改善；四、家庭照顧者支持性的喘息服務。民眾可以利用一九六六電話，向各縣市的照管中心詢問及提出申請長照服務。

長照二．〇新計畫的流程，會先由專業照管師到府評估，到宅訪視患者後，擬定照顧計畫。由醫院或居家服務單位派員至民眾家中，提供照看服務，減輕照顧者的身心壓力，而後由民眾支付費用給服務機構。

如果能夠善用長照二．〇的計畫，應該可以減少照顧者在長期照顧下的身心壓力，讓照顧者在盡孝的同時，也能夠保有自己的身心健康，並維持生活的平衡。

18

千金難買好鄰居

立峰（化名）努力存錢了很久，總算在三十八歲這年買到心目中理想的房子，等到過完年，裝潢工程全部結束，他就能搬進新房子，在自己的獨立空間展開全新的生活。他新買的房子是位於一棟電梯華廈的五樓，二十五坪的空間規畫成兩房一廳的格局，一間做為臥室，另一間設計成書房，並且放了一張沙發床，父母或是朋友來訪時，可以當成臨時客房使用。

買房子是他長久以來的夢想，空間雖然不大，房子也並非全新，但至少是他多年努力的成果。本來買新房，人逢喜事精神爽，可是這份開心和興奮沒能持續多久，因為他碰到令人頭痛的一大難題。

住在他隔壁的鄰居，出入時經常用力甩門，可能是房子的隔音效果不佳，也或者是鄰居習慣不好，缺乏公德心，每天一大清早，或是晚上下班後，總會聽到從隔壁傳來巨大的關門聲。剛開始，他透過社區的物業管理公司轉達，希望鄰居關門時能夠輕一點，或者在門框上加裝防撞泡棉。

可是他的反映僅獲得了偶一為之的配合，大多時候這戶鄰居不論是先生或是太太，關門的習慣多半缺少一點同理心和公德心，遇到夫妻吵架，發洩般的關門聲甚至整層樓都能感受到那股怒氣，這也讓他再三申訴與抗議，但似乎效果不彰，鄰居依然故我。

不僅如此，隔壁鄰居還養了一隻狗，每次遛狗時都會任由寵物在電梯中和公共空間裡奔跑，沒有繫狗繩，不時還能聽見狗叫聲，幾次和他們同進電梯時，狗狗還會跳到他腳上抓咬，讓他又驚又怒。鄰居還經常讓小狗便溺在花園的走道上、花圃旁，或是樓下的公共空間，留下難聞的氣味和狗便，這也讓他感到極為生氣和困擾。

後來聽保全人員提起，管委會也曾多次規勸，但這住戶仍未有明顯的改善，甚至和鄰居以及管委會都有過爭執。更讓他感到無奈的是，和他臥室相鄰的地方，似乎是鄰居的熱水器裝置處，鄰居經常深夜一、兩點才洗澡，熱水器的聲響也時常干擾他的睡眠，加上鄰居家有小朋友，小孩的哭鬧聲或是女主人歇斯底里、高聲管教小孩的聲音，也常常在走道間響起，讓他頗為無奈。

由於立峰在餐飲服務業擔任店經理的工作，因此他對環境的清潔與物品擺放整齊特別要求。在工作上律己甚嚴，對於公司交辦的事務全力以赴，部屬也都能達到他要求標準，而他需要全心投注在工作上，所以他對於睡眠品質也特別重視。

但遇到這種令人頭痛的「惡鄰」，立峰覺得自己的耐心正一點一滴消失中，不滿的情緒不斷累積，相對於鄰居的無感和無所謂，他心中的憤怒無處宣洩，為了此事時常感到鬱悶。

到了七月，炎熱的高溫和悶熱的天氣，更讓人覺得心浮氣躁，他甚至發現自己的火氣似乎已經升高到頂點，不曉得哪天會一觸即發。

許多住戶都會在自家門口擺放鞋櫃，立峰雖不贊同，倒也覺得無可厚非。但是不知從何時起，鄰居已經在鞋櫃旁堆放了許多鞋子、鞋盒和雜物，甚至還有小朋友的嬰兒推車和三輪車，以及寵物的籠子，甚至是小朋友用過的尿布和垃圾，各種雜物的堆置，並且占用公共走道，讓立峰覺得實在是忍無可忍了。

休假時，父母正好到他的新家探望，本來他是帶著驕傲的心情，想和父母分享買房子的喜悅。可是他們一出電梯便聞到一股臭味與尿騷味，甚至還混雜了鞋臭味，加上天氣悶熱，那股氣味簡直令人作嘔，也許是因為他已經住了一段時間，雖然還是難以接受，但是對於臭味已經漸漸習慣，嗅覺也不再那麼敏感，反彈也不那麼劇烈了。

當他看到父母緊皺的眉頭，有點訝異又帶點嫌惡的表情，同時用手掌掩住口鼻，快速通過走道時，那一瞬間，便讓他的驕傲與喜悅大打折扣。雖然問題不在於他，卻使他感到臉上無光，父母的表情和舉動，彷彿他做了一個錯誤的選擇，買到居住品質不優與住戶水準不高的社區。

這件事徹底點燃了立峰的怒氣，等到父母離開後，他便找上門和鄰居理論。雙方的爭吵聲、小孩驚嚇的哭鬧聲和持續不斷的狗叫聲，引起保全和其他住戶的關心，紛紛出來勸導。

這件事最後還是不了了之，鄰居僅將幾袋垃圾清理掉以表示改善。不過，對於立峰來說，卻是一件難以釋懷的事，讓他頗為難受與介意。當天晚上他不但生氣到無法入睡，怒氣依舊高漲，難以平息，甚至還用拳頭捶打了牆壁好幾下，幾乎到半夜才好不容易睡著。

立峰之後採取更積極的投訴與抗議，強烈表達他的不滿，當管委會張貼勸導公告，也只換來短暫的安寧，因為他總覺得鄰居有時似乎是惡意挑釁，反而故意的更加用力甩門。雖然猜測鄰居太太可能比較情緒化，具有情緒方面的障礙，但立峰也很難說服自己完全不在意。

他也考慮過搬家，但短期內似乎不太可能，因為他幾乎把全部的積蓄都花在買房子和裝潢，購買家具和家電了，現在不但沒有多餘的閒錢，每個月還得按時繳付房貸。況且他自認為站得住腳，做錯的人不是他，應該搬走的人也不該是他。

因為這種種的困擾遲遲無法獲得有效的解決和改善，立峰發現：只要他在家或是下班後，心情便會不由自主的感到憤怒、鬱悶和煩躁。立峰機警的察覺到自己的情緒似乎「生病」了，而且長期的壓力也讓他腸胃不適，他當機立斷決定先就醫，從改善自身的身體和情緒健康做起。

後來經過查詢，雖然可向警察機關提出檢舉，但仍必須自行錄影蒐證，警察也勸他與鄰居好好溝通，看來要徹底解決問題，恐怕還需要一些時日了。

評析

「有屋斯有財，有土斯有財」是華人自古以來，就存在的買房價值觀。因此，國人普遍認為：能夠擁有自己的住屋，是比租屋更為踏實。

然而，現在的年輕人普遍低薪，加上高不可攀的市中心房價，沒有父母親的協助，要完全靠自己的經濟能力，在市中心購置一間公寓都相當困難。因此，年輕人如有購屋動機時，總會在購屋前做足功課。譬如說，上網尋屋看屋，尋找仲介諮商，告知自己所需要住所的型態和坪數大小，瞭解目前市場行情價格，查看比較歷年交易房屋的實價登錄，並且親臨現場看屋查驗。

非但如此，還要考慮選擇的標的屋是否具有良好生活機能，交通是否快速便利，房屋的通風採光如何，未來小孩就學的學區良好與否，甚至風水座向等，多所比較後，再考慮買屋的價錢。

對於首購族來說，像這樣的買屋過程，會相當陌生，並感十足壓力，覺得既耗神又累人。然而，一旦決定簽約下訂，買下人生第一棟房，自然是充滿了喜悅和各種的憧憬，畢竟心愛屋是在自己無數次比較，精挑細選後所下的決定。

有道是：「遠親不如近鄰」。與鄰為善，與鄰為伴，鄰里關係和諧良好，在生活上可以互通有無，共同解決生活難題，有著充分的認同感、安全感、和信任感。大家常說：「十個遠親比不上一個近鄰」，又說：「遠親不如鄉鄰親」，都是在說明鄰居相互幫助，彼此扶持的寫照。

可是又有話說：「千金買戶，萬金買鄰」，強調的是好鄰居的價值遠超過一所好房屋。一個好的鄰居，能夠和睦相處，有利營造和平、安定、祥和的居住氣氛。能夠以和為貴，友好睦鄰，彼此尊重，和諧共處。要能找到這樣的好鄰居，產生良好的互動關係，在購屋前，就必須多多探聽和瞭解居所左鄰右舍及四周環境的情況。

一旦遷入新屋後，驚覺自己的鄰居別說互相幫忙，相處困難，糟糕的是，對方竟是一個「以鄰為壑」的惡鄰居，每天散播負能量，干擾自己的生活，對身心造成長期的惡劣影響，傷透腦筋，卻又難以使之改善。

萬一有事和惡鄰居發生爭執，建議仍是要以和為貴。有道是：「遠小人，遠官非」。保持個人的修為，尋找社區管委會進行協調溝通，向善向好，激濁揚清，避免惡語相向，遠離司法訴訟，營造良好的居住環境，讓自己每一天都能夠在新的房子裡，平安、快樂、健康的生活！

19 強迫性購買症

家宜（化名）是個對於感情非常執著的女生，一旦認定了一個人，無論發生什麼事都不會輕言放棄，可是這樣的個性，卻讓她的感情和婚姻生活特別辛苦。

二十八歲那年，她和先生結婚了，先生是個開大貨車的司機，平常也沒什麼不良的壞習慣，唯獨特別怕吵，而且個性非常急躁，如果在睡覺時被人吵醒，就會大發雷霆的破口大罵，甚至摔東西，所以先生在家睡覺時，家宜做任何事都會躡手躡腳，深怕發出一丁點聲響吵醒他。

原本父母就不太喜歡先生，對於他們的交往持反對意見，後來因為家宜懷孕了，只好勉強同意他們結婚。家宜常常替先生向家人解釋，說他其實個性很好，而且不抽菸、不喝酒，也沒有賭博的壞習慣，只因他工作時間很長，非常辛苦，整天坐在車上狹小的空間裡，加上送貨時間經常很趕，才會造成他比較沒有耐心。

由於家宜的先生一整天幾乎都在外工作，下班回到家後，也不太喜歡說話，變成家宜總是一個人對著空氣說話似的，和先生分享她一整天工作上發生的點滴，或者小孩出生後她打算做些什麼，只是常常說不到幾分鐘，先生就會不耐煩的要她閉嘴，讓他安靜一下。

家宜在一家小公司做美術設計，對於畫畫、設計、手工藝編織之類的，只要是和「美學」方面有關的，她都非常有天分，極為擅長。她看到東西稍微研究一下，很快就能理解設計原理和製作技巧，再加上自己的巧思，就能創造出全新風貌的工藝品。

家宜在懷孕期間，對於未來充滿了信心和希望，覺得日後孩子一定能夠改變家中的氣氛，為家裡帶來全新的氣象。生下孩子之後，一家人也非常開心，只是在孩子總說不上哪裡不對勁，剛開始他們以為孩子的發展和反應比其他孩子來得慢一些，沒想到，在孩子三歲那年，檢查出孩子患有自閉症。兩家人為了到底是哪邊的家族遺傳疾病，導致孩子得到這種病而吵翻了天。

家宜著急地帶著孩子四處求醫，想盡快尋求解決辦法，想著孩子還這麼小，一定能夠早點治好。可是最後她得到的訊息卻是：這種病需要長期療癒，必須想辦法讓孩子逐漸適應這個世界，學會生活自理技能，自己可以照顧自己。

在漫長又無助的求醫和復健過程中，夫妻兩人也經常因為各種衝突而爭吵，家宜為了專心帶孩子辭去工作。在孩子五歲那年，先生還是和她離婚了，她只能帶著孩子回娘家住，幸好父母不但在經濟方面無條件支持她和孩子，並且也幫著家宜一起照顧小孩。

為了父母和兒子，白天她是堅強的女兒及媽媽，可是晚上孩子睡著後，她卻遲遲無法入睡。為了打發時間，她開始製作各種毛線編織或是手工藝品，漸漸的，家裡的房間和客廳裡堆了越來越多家宜的手作製品。

父母覺得這件事能讓家宜打發時間，轉移注意力，不必為了孩子的事情而憂心也是一件好事。後來家裡實在多到放不下，家人便陸續拿去分送親朋好友和鄰居，家宜也因而認識一位在附近開店的鄰居大姐，也是從那個時候起，她開始接觸各種水晶和相關資訊。

那位大姐開了一家水晶飾品店，告訴家宜水晶具有正面能量和吸聚磁場效應，家宜越聽越著迷，也買了幾條水晶手鍊試圖改運。

因為她的手工製品開始有人注意到，並且幫忙在網路上販售，也讓她多了些收入，甚至還有社區大學請她開課教學。家宜覺得是水晶的正能量改變了她的生活，讓她的收入變好，然而她賺得越多，買的水晶數量也越來越多，還開始購買水晶項鍊、水晶球七星陣、晶洞等相關擺件與飾品。

例如最近一次，她就一口氣買了十二條水晶手鍊，從各種不同材質、顏色，和不同款式的搭配組合，都具有不同能量和作用，每一種水晶都讓她愛不釋手，因為難以抉擇，最後家宜決定買下全部新進的貨，後來有新貨到時，鄰居大姐都會第一時間通知她。

她經常在網路上展示自己的收藏，大家都非常驚訝於她的收藏數量，也有很多欣羨和讚美的留言。後來朋友幫她統計，她至少已經有一、兩百件的水晶手鍊與各類飾品，每次家宜提起這些心愛的水晶，都是眉飛色舞，非常開心，那種莫名的滿足就像擁有了全世界。

這些水晶大多都被放在一個個的盒子中，所以家宜的房間裡到處都是大大小小的盒子，擺滿了抽屜、櫃子和架子，近期甚至連桌子和床邊的地板上，也開始堆放了許多盒子。不僅如此，家裡的客廳和餐廳也有許多水晶球、發財樹、晶洞等大型裝飾。

家宜似乎沒有因此而感到滿足，更沒有因此就停止購買水晶飾品，她仍會不定期在網路上或是透過各種管道購買水晶，花費的金錢更是難以估計。她的父母因為心疼她，離婚後得一個人照顧孩子和同時工作，對於她的情況僅是口頭勸告而已，更多時候是默認並接受她的做法。

家宜固定帶著孩子復健和就醫時，醫護人員無意間得知她的情況，曾善意提醒，不妨尋求專業的醫療協助，希望未來有一天，能聽到家宜的情況有所好轉。

評析

「強迫性購買疾患」或又稱為「購物狂」。在現在科技發達，網路盛行的社會，網購要比過去到實體店面，進行消費行為，快速便利的多，更增加現在「強迫性購買疾患」的高發生率。

有關正常購買和病態消費之間的差異，有時頗難分辨。一般而言，病態消費在定義上，必須先排除輕躁或狂躁時期，其所發生的購買行為。病態消費是不適切的購物衝動、想法，或行為。它乃經常專注於無法抗拒的購物想法，或衝動行為，而且購買超過自己能力所能負擔的物品，該物品並非日常所必須。購物的衝動、想法和行為明顯的造成痛苦，曠日廢時，干擾到患者的社交及職業功能，甚或造成財務負擔及負債。

「強迫性購物疾患」和其他行為成癮一般，在有行為成癮之前，患者對購物行為會覺得很放鬆，有愉悅感。對於即將採購的物品，十分迷戀和愛眷，當能力尚未能及採購之前，患者可能會花許多功夫，做足各種採購前的比較及詳細研究，譬如說標的物品相類似的品牌、款式、流行性、保值性、發行限量款等。一旦發覺自己內心最鍾愛的物品價錢，遠超過採購實力時，開心愉悅的程度便會明顯下降，心裡會很不是滋味，腦海中不斷地想著購買這件事物，反覆思量，焦慮、痛苦不堪。

然而，最後一日下定決心，不顧一切刷卡、借貸或舉債，買下了超過自己經濟所能負擔的物品，卻又會出現嚴重的自責和罪惡感，而且必須面對難以控制過度購買所帶來的痛苦後果，以及生活上所造成巨大的影響。

「強迫性購買疾患」的病人，經常會面對許多外在生活或心理內在壓力；他們可能也同時會罹患其他的情緒障礙，譬如說憂鬱症、焦慮症、恐慌症、躁鬱症、藥物成癮，或酒精成癮等。

處理強迫購買的認知行為治療，主要是能夠先協助患者找到改變行為成癮的動機，控制購買的誘惑刺激，壓力管理，減輕焦慮，尋找替代方案，進行認知重建，調整消費習慣。比如說：減少上網行為，降低網購，或將已選好的網購商品，放入購物車中，但不結帳，將信用卡交給家人保管，出門不帶ATM現金卡，只帶足夠的現金，遠離百貨公司週年慶的購物情境等等。

如果認知行為治療仍無法遏止強迫性購買行為的話，則需尋找精神科醫師，詳細問診，找出除了強迫性購物症之外，是否還有其他情緒障礙，或成癮疾患同時存在。臨床上，必須同時處理共病情況，才是正確的做法。

21

退休後的苦老一族

美和（化名）退休前是在一所小學擔任老師，退休後的她，每天過得十分充實。因為她早就決定退休後要「退而不休」，要有計畫、有規律的安排生活，未來的路才能夠走得長遠。

在多方打聽後，美和還詳細搜集和比較不同機構的師資條件和課程資訊，並且決定每個星期要固定上一次繪畫、插花，還有每週三次的英文課。

為了維持身體健康，她不但每天早上起床後會去附近公園運動，甚至還報名了時下年輕人最常去的健身房，每隔一段時間就會去上皮拉提斯、有氧舞蹈……等各種新課程，兒女們常說媽媽退休後反而比他們還忙，朋友們都很羨慕媽媽能夠保持永遠年輕的心態。

不僅如此，從外表看不出已屆退休年齡的美和，還會在假日和先生邀朋友一起去爬山，許多登山步道或北部有名的郊山，美和也都依照計畫一一去走訪過。從她在臉書上和各種line群組裡，積極分享給親友們看的照片，都能看得出她對生活充滿了熱情與活力。

每隔一段時間，她還會報名參加旅行團，不論是歐洲的希臘、義大利、西班牙、德國、捷克、維也納，還是大陸的廬山、九寨溝、東北、西藏和絲路，甚至是南亞地區的印度、尼泊爾，以及美國、加拿大，精力旺盛的她總是經常在世界各地旅行。

可是最近她卻因為先生的緣故，漸漸失去了參加這些課程和活動的興趣。

美和的先生比她更早幾年退休，先生退休後在朋友介紹的一家公司裡擔任顧問，也有一筆頗為豐厚的顧問費。原本兩人的退休金加上存款，足以過上衣食無缺，生活無虞的日子，不過耳根子軟的先生經常被朋友勸說去投資一些莫名其妙的投資案，很多投資企畫內容和投資項目甚至都說得不清不楚。

十分信任朋友，而且很講義氣的先生，不但先後解約了多筆銀行定存，最近甚至考慮將抱了多年的股票和收藏的幾支名錶賣掉，以便幫朋友籌措資金，無論眾人如何勸說都無法打消他的想法，讓全家人都格外憂心和焦急，深怕先生掉進了什麼詐騙陷阱。

而且先生退休後認識的朋友們可說是來自各行各業，三教九流都有，其中還有經常分享各種佛經內容，勸人為善的信徒、居士類的。本來擁有宗教信仰也是一種不錯的心靈寄託，但是先生的過度投入和沉迷，甚至動不動就要捐錢給師父添香油錢、蓋講經堂和精舍，總之各種名目都可以輕易地從先生這裡募得一筆為數不小的款項。

兩人即使擁有再多的收入和存款，也經不起先生「花錢如流水」的用法，更何況，有些明眼人一看都曉得是詐騙集團慣用的圈套和手法，可是美和就不明白，為什麼唯獨只有先生看不出來？還常常和她，以及兒女們為此爭論不休，每到用餐時間總有人不開心，搞得家裡的氣氛十分緊繃。

兒女和先生只要一談到錢的問題，最終總是不歡而散，女兒和女婿也為此很少回家，夾在中間的她也相當為難。而她因為勸不了先生回頭，且及時停損，別再輕易被人拐騙金錢，種種的挫敗和無可奈何，也讓她對未來的生活感到發愁與不安。

原本喜愛喝手沖咖啡的她，每天早上都會喝一杯現磨的手沖咖啡，和朋友喝下午茶時，偶爾也會搭配點心再喝一杯。不過近來美和晚上總是翻來覆去，睡不著覺，起初她以為是自己咖啡喝太多所導致，也開始減少喝咖啡的次數和頻率，不過失眠的跡象並未因此好轉，也漸漸開始有輕微的胃發炎和胃食道逆流的症狀，逼得她不得不完全停止喝咖啡。

結果停掉咖啡之後，失眠的情況確實獲得短暫的改善，但是她卻開始覺得自己渾身上下都不對勁。有時感到頭痛，有時又覺得左半邊的身體和手腳都麻麻的，有時還伴有手腳冰冷的情況。美和去大醫院做了各項檢查又找不出確切病因，醫生只開了靜定劑和胃藥給她，要她多運動，盡量放鬆和休息，別想太多就能睡著。

然而美和只知道自己生病了，身體正在向她抗議，雖然去過很多醫院檢查，也看了無數名醫，但卻沒有一個醫生能夠真正幫助她。孤單無助的她好像沒有人可以依靠，每天躺在床上一整晚，真正睡著的時間卻很短，為了怕影響先生，她甚至連翻身都盡量避免，常常是睜著眼睛直到天亮。

白天醒來，渾身痠痛的症狀總讓她做任何事都提不起勁，甚至連去上課，去市場買菜，做飯都顯得意興闌珊。兒女們擔心她身體不好，情緒不佳，天天做飯會太辛苦，也會跟她說點外賣或是外食就好。

可是什麼事都不做，這樣也讓美和開始質疑自己，退休後的生命意義與價值到底在哪裡？

評析

退休之前，如能事前做好完善的「退休計畫」，便能夠投入更多的社會互動，參與具有刺激思考的職務，讀更多的書，國內外四處旅行，怡情養性，培養新的興趣或嗜好，完成年輕時未竟的夢想，或投入公益，積極參與社區活動及志工團體，健全財務規劃。

在財務、健康、心情，充分準備下，從容自在擁抱另一段幸福的人生。因此，退休前的完善規畫，將會是退休滿意度的良好指標。然而，有不少人包括商業鉅子或高級主管發現，他們並未在退休前做好適當的規畫，以至於他們原可元氣十足地度過退休的黃金歲月，但卻竟然「一退不起」，陷入憂鬱，人際孤立，遠離社交，醉生夢死。

某種程度上，這是可以理解的。因為一旦退休族離開存在已久的生活結構，亂了原有的生活步調，便會覺得眼前缺乏努力目標，自然也就了無生機和活力。他們原本在事業上，目標十分明確，勤奮工作，努力遷升，增加薪資，承擔責任。

一旦退休後，脫離了事業上的支持，沒了明確目標，則會缺乏前瞻思考，退休後的恐懼縈繞心頭，不敢嘗試新的事物，害怕被批評，或遇到挫敗，單純的不想離開舒適圈，擔心自己退休規畫無法順利進行，包括理財計畫也可能因為沒有善作準備而一蹋糊塗，變成所謂「苦老一族」。

退休，不必然是遲暮，如前所說，良好的退休計畫，認真執行，設定目標，掌握理財原則，健全財務，保持身體健康，規則運動，均衡營養，定期健檢，保持心情愉快，便可從打拚數十年的鼎盛之年，逐步走入退休階段，放開胸懷享受老人生活。

對於金錢的觀念，每一個人都不同。在此要提出「心靈富裕」勝過「物質富裕」健全的金錢觀，可以幫助退休族身心健康的發展。有的人在退休後，可以過著闊綽奢華的生活，卻仍深受心靈貧窮匱乏所苦，那當然更不用說為了追逐金錢，中間所付出的痛苦代價。

對於退休族是否成為「苦老一族」外，在此還要提醒的是，「以前是養兒防老，現在是養兒啃老」，退休族對自己的財務規畫中要避免啃老現象發生，作為父母一定要對孩子教導正確的價值觀，培養他們自力更生的好習慣，教育他們懂得孝道，尊敬父母，認識自己的社會擔當和責任，敢於吃苦，自立自強，自給自足，不要因為自己啃老的自私，影響了父母退休的幸福生活。

21

忘懷童年 心靈創痛

「幸運的人一生都被童年治癒，不幸的人一生都在治癒童年。」這句話，在怡琳（化名）身上也能得到充分的印證。

怡琳小時候家中發生火災意外，父親因而在這場不幸中過世，母親沒過多久也再改嫁，因為種種原因，不便帶走年僅三歲的她，只好將怡琳留給爺爺照顧。所以在她的成長過程中，爺爺不僅是她的爸爸，也是媽媽，更是她相依為命的親人。

小時候，家裡附近的鄰居孩子總會在背地裡嘲笑她，是個沒有爸爸和媽媽可憐蟲和倒楣鬼，孩子的話往往最無知也最傷人，因此，個性好強的怡琳，總是不輕易示弱，也絕不在外人面前哭；有些長輩或是鄰居媽媽們則是用一種同情的眼光看著她，好像她的處境有多悲慘似的。

事實上，她覺得爺爺對她極好，一直把她當成心肝寶貝似的寵著、疼著、照顧著，她從來不覺得自己有什麼遺憾。唯一讓她難過的是，每當父親節或母親節，作文老師和美術老師總是喜歡讓小朋友以「我的爸爸」和「我的媽媽」這一類的題目作為創作主題。

其實父親很早就過世了，她早已沒有什麼印象，只能從幾張僅存的照片中，尋找父親和自己在外表上的相似之處。媽媽自從再婚後，見到她的次數寥寥可數，母女間的親情淡薄，她對媽媽的需求也是可有可無，在她的想法中只是將媽媽定位成：「生下我的人」而已。

母姐會則是一場她最討厭的災難了，雖然爺爺每天都會在學校門口接她放學，然後帶著她去吃飯，或是拿著她喜歡的點心站在角落裡耐心的等著她，很多老師和大多數的同學幾乎都曉得，怡琳是「阿公的孩子」，可是真要讓爺爺參加「母姐會」這種令人尷尬的場合，小女孩當然也是會極度排斥的。

因此，每回她總是將通知單藏起來不讓爺爺看到，只是左鄰右舍閒聊時，總會有人不經意或有意的提醒爺爺，而爺爺一定會在當天準時出現，而且還早早就到教室裡，規規矩矩的站著，想幫怡琳加油打氣，給她更多心理上的鼓勵。

年紀幼小的她自然是不會明白爺爺的苦心，只覺得年紀大的爺爺站在一群媽媽們當中顯得格格不入，後來爺爺大概懂得她的尷尬，於是接下來幾年便試圖去拜託怡琳的媽媽參加。

可是怡琳的媽媽以夫家那邊會介意為由拒絕了，況且她也有了自己的孩子，對於怡琳她只能說抱歉。爺爺自然沒讓怡琳曉得這件事，而個性活潑、開朗樂觀的她從來不把這些事放在心上，絕不說出來讓爺爺徒增傷感，她總是用更逗趣，更搞笑的性格讓爺爺覺得她一切都好，看似對所有的事情都不心存芥蒂。

上大學那年，怡琳考上外地的學校，因為想減輕爺爺的負擔，怡琳打算半工半讀賺取自己的生活費。可是在校外租屋和打工，還要往返學校、住處和打工的地方需要交通工具，況且爺爺年紀頗大，她也不好意思再跟爺爺開口說要買機車，長久以來爺爺雖然不說，但她其實都知道，爺爺背負如此沉重的經濟壓力都是為了她。

生平第一次，她去找母親求助，希望媽媽能夠借她三萬塊買機車，出乎意料之外，母親竟然拒絕她了，說她手頭也很緊，沒有多餘的錢可以給她。但怡琳心中所想的是：「我從來不曾求過妳什麼，而且是第一次來找妳『借錢』，並不是要求妳給我錢，妳竟然連這點忙都不肯幫，算什麼媽媽！」

自此之後，她再也不肯和母親連絡，也不接母親非常難得才打來的電話，更不願意和人談論有關這方面的話題。她拚了命的打工，也積極參加各種聯誼活動，認識了很多新同學和朋友，彷彿媽媽在她生命裡無足輕重，沒留下什麼傷痕和遺憾。

她雖然有一個極疼愛她的爺爺，但內心其實也很渴望擁有自己的家庭和親人，每一次談戀愛，她都會把對方當成未來的另一半全心對待，以結婚為前提交往，可是每一次的戀情最後還是以失戀收場，因為大部分年輕的男生實在無法承受這麼沉重的戀愛。每回失戀，她會傷心的把自己關在房間裡難過好幾天，抱著一個從小就很喜歡的玩偶，好像能夠從玩偶身上汲取溫暖一樣。

怡琳的房間非常凌亂，無論是床、桌子還是椅子，到處都堆滿了衣服、包包、書籍和雜物，她也無心好好整理，唯一保持乾乾淨淨的就是這個玩偶了，她每個月都會固定清洗，並且拿到陽台上曬太陽。她總是寄望一個美好的將來，內心深處渴望有人能夠將她從一團糟的人生中解救出來，和她共組家庭。

諷刺的是，她的朋友雖然多，但是真正能夠談心裡話的朋友卻沒幾個，有一個認識多年的高中學姐建議她去參加心理諮商和團體治療課程，也許能夠幫助她找到答案。

最初她覺得自己沒病，為什麼要去參加這種治療課程，可是很多年過去，她總覺得自己內心其實是不快樂的，那些表面上的樂觀和開朗，其實是建構在一種虛偽的假象之上。她開始質疑自己，也掙扎了很長一段時間，決定試圖找出她心裡的疑惑，同時填補心中的缺口，將那些從不肯輕易示人的傷口揭露出來，這樣，成長過程的傷疤才能徹底癒合，也許將來的某一天能找到真正屬於自己的幸福，建立起甜蜜的家庭。

評析

童年時期所遭受的心靈創傷，要是沒有經過妥善的處理，不會因為長大後就自動痊癒，反而會對我們的生命過程造成負面的影響。

童年創傷包括了一個人在孩提時期，所曾遭受負面的經歷，將導致身心傷害。比如說肢體暴力、言語暴力、性相關暴力或騷擾、情緒忽略、冷暴力、情緒操弄、目睹家庭暴力、父母分居或離異等。有研究顯示：童年時若曾遭受這些創傷的負面經驗，在長大後，罹患憂鬱症的機率是一般人的兩倍，即便是經過治療，日後仍有很高的機會復發。

由於這些創傷經驗，帶來嚴重的負面影響，以至於許多人成年後，仍然無法逃離其中的枷鎖。像是在人格特質上，有研究指出：與父母關係較差的成年人，在行為模式上，顯得較為神經質，容易受到負面情緒的影響，在異性或婚姻配偶相處時，比較沒有那麼自在融洽。由於慣性行為的影響，在孩提時期，常因一點小錯，就被大聲責罵或體罰；長大後，也會因為害怕犯錯遭到責怪，下意識地選擇隱瞞。

另外，有童年創傷經驗的成人，在成長過程中，對人較缺乏信任，容易自我懷疑，常缺乏自信，感到自卑。對事情易感受到壓力，備覺焦慮緊張、困難與他人相處、社交恐懼、人際焦慮、孤獨寂寞、憂鬱或躁鬱，甚至成年後的健康問題，也比一般人為多，包括肥胖、糖尿病、高血壓、心血管疾病、癌症等。

目前治療童年創傷的方式有很多，包括心理諮商，遊戲治療，以創傷為焦點的認知行為治療，生理回饋治療，神經回饋治療等等。雖然童年創傷會對人產生負面影響，但是最新的腦神經科學研究顯示：人類的大腦是具有可塑性。我們可以利用上面的許多治療方法來正面調節，改變自己的大腦，修復創傷後的心理狀態，療癒受到影響的行為模式。

當認知到童年創傷所造成的心理狀態，和行為模式是可以改變的，再進一步的做法是鼓起勇氣，積極面對過去的創痛，自我檢視自己的一些行為，是否反映了過去的傷痛經歷。

一旦具備這樣的意識和認知，就可以有機會意識、反省平日許多行為模式，可能大多源自於過去負面創痛的經驗。即使童年創傷難以忘懷，只要能夠以中立客觀的方式，將自己的習以為常的行為引導到正向光明的一面，則平時負面的關係行為就會漸漸消失。就這樣，從一次又一次的認知行為改變中，經驗學習，人格特質逐漸調整，也就不會再經常責怪父母，或自怨自艾，創造出改變自我人生的契機，擁抱生命的自由！

22

網路成癮夜不眠

佳芳（化名）從高中起便是個夜貓子，時常三更半夜還不關燈睡覺，有時還會熬夜到天快亮才肯去睡，家人每每催促她早點休息，佳芳總是心不甘情不願的，甚至還會很不開心父母的約束，她覺得自己是在做喜歡的事，又沒干擾到別人有何不可呢？

詢問她晚上不睡覺都在做些什麼？雖然有些不好意思，但她也很坦然地說：「跟大家一樣啊！大部分是上網看看IG，或是用Line和朋友一起聊天，有時候追劇，偶爾打電玩和聽音樂，每天都過得非常開心，很充實呢！」

雖然晚睡，白天一樣還是得上課，睡眠時間相對比別人少很多，可是佳芳從來不覺得累，也很少在上課時打瞌睡，甚至不需要補眠。在她看來：「睡覺太浪費生命和時間了！這世界多麼美好，有那麼多值得去探索和挖掘的新奇事物，何必要花那麼多時間在睡眠上呢？」

她總開玩笑說：「要睡的話，死了以後就有得睡了。」所以她從來不把睡眠的重要性放在心上，不過放寒假沒事做的時候，她也可以十天半個月不出門，天天窩在家裡睡到中午自然醒，當個名副其實的「宅女」。

只要在家，除了吃飯洗澡之外，其餘的時間佳芳都是坐在椅子上，因為經年累月的「固守」在電腦前長時間上網，再加上讀書和寫作業的時間，所以她一天到晚老是喊著頭痛和肩頸僵硬，有時電玩玩到太過了，甚至還會玩到肩部肌肉筋膜發炎，右手大姆指和食指有刺痛感，嚇得她只好「暫時」離開電腦，或是減少上網的時間。

佳芳的身材微胖，也是因為她喜歡在追劇時，邊看邊吃零食，尤其是蛋糕、巧克力、洋芋片、可樂之類，只要是年輕人喜歡的，她多半愛吃。還有她每隔幾天都會買一杯半糖去冰的大杯珍奶，尤其是每到重要考試前，嘴裡一邊咀嚼著珍珠，彷彿這樣就能消除她緊張不安的情緒。

她還有一個只有極少數人才曉得的習慣，當她嚴重緊張到吃東西也無法改善時，她會不由自主的咬手指甲，如果仔細觀察，會發現她的手指甲有被啃咬過的痕跡。

但很諷刺的，她的潔癖卻十分嚴重，在外面只要碰到不是她自己的東西，每碰到一次她就會趕快去洗手一次，經常洗到脫皮和龜裂。因為她覺得外面的東西都很髒，容易有病菌，所以她總是隨身帶著濕紙巾，如果無法洗手的話，她就會用濕紙巾不停的擦拭自己的手無數次。

她在外面吃東西，也一定會帶著自己的餐具，用餐前還會拿消毒酒精把桌面全部擦過一遍，即使被人嘲笑是「龜毛」，也沒有辦法停止這樣的行為。

回到家，她也會每天換洗全身上下的衣服，她甚至不讓人隨便進去她房間，更別說是坐在她的床上，包括她自己，也必須洗完澡後，換上乾淨的衣服才會坐到床上。如果弟弟不小心碰到她的床緣或是故意坐在她床上，她就會像被點燃的火藥一般「炸開」來，所以全家人都知道那是她的禁忌。

大學畢業多年，她始終和以前一樣不愛出門，喜歡滑手機和追劇，或是在家上網，出門怕髒也怕麻煩。即使她在網路上無比活躍，總是能言善道，但在現實生活中，她反而缺乏和「真實的人」面對面溝通與互動交流的動力，所以她下了班就直接回家，不但朋友不多，至今也一直沒有談過戀愛。

曾有過幾次，有男同事向她示好，機會來之不易，然而佳芳卻總是讓緣分擦肩而過。她覺得自己缺乏勇氣，也不需要感情。

最近幾個月一直在下雨，濕冷的天氣讓人情緒更為不佳，佳芳感覺做什麼事都提不勁，完全不想出門，生活所需物品都是透過網路購買，除非上下班和必要外出，她簡直和日本時下流行的「繭居族」沒什麼兩樣。

尤其在父親生重病之後，母親為了照顧他，而在家和醫院兩地奔波，佳芳的心情更為低落沮喪。她一方面為父親的健康情況憂心，很擔心如果父親突然過世了該怎麼辦，同時也很煩惱母親的身體，是否能夠長期承受這樣的消耗。因為她白天要上班，晚上時間也有限，只能讓母親負責主要的照護工作，弟弟則是晚上會去醫院換班，讓媽媽得以休息，自己多半只能有空時去探望一下，或是在家乾著急，搞得整個人情緒緊繃，完全無法入睡。

最近佳芳也開始學會喝一點酒再睡，當她躺在床上一、兩個小時仍然沒有睡意，她就會又開始起來喝酒，直到醉倒在沙發上才能安然入睡。但是她曉得長期喝酒，畢竟不是解決辦法，最後還是來到診所，希望能藉由藥物幫助睡眠，同時減輕心中日益擴大的焦慮情緒。

評析

世界衛生組織（WHO）在二〇一八年六月份，正式宣布將「網路遊戲成癮」（Gaming disorder）納入精神疾病的正式診斷。「網路遊戲成癮」此一疾患的臨床診斷定義：無法控制地打電玩，生活中越來越以電玩為優先，忽略其他日常的生活，即便知道有負面的影響，仍持續增加打電玩的時間，以至於嚴重影響個人日常生活運作，包括健康、家庭、學校、工作等層面，上述症狀持續十二個月以上。

除了上網打電玩遊戲外，也有不少患者上網，是隨意瀏覽社群媒體，或長時間追劇，自我無法控制，以致於睡眠明顯減少，白天的工作也受到影響，達到「網路成癮」的判斷標準，亦即「成癮行為失控，造成生活失能。」

在網路成癮的問題行為背後，潛藏了許多心理危險因素，包括緊張、焦慮、無聊、自卑、低自尊、強迫、社交焦慮、憂鬱、神經質、厭惡課業或工作壓力、家庭關係不佳、人際困擾、敵意、衝動控制力不良等。

這些心理危險因素，加上網路重度使用，方才形成「網路成癮」。因此要處理「網路成癮」時，不能只單單把它當作一種行為問題來矯治，還需要同時處理上網病態行為背後的心理狀態。

求助專業的臨床心理師或精神科醫師，瞭解「網路成癮」行為背後所潛藏的身心壓力、心理問題或精神疾病，十分重要。舉例來說，人如果處在高壓狀態下，便會自然而然的想使用網路來紓壓。

因為每一次上網，瀏覽社群媒體，或使用網路遊戲的時候，大腦中分泌多巴胺的神經細胞迴路，便會被刺激警醒起來，促進大量的多巴胺分泌，這和「海洛因成癮」的情況極期類似，因此美國有線電視新聞網CNN也曾用「數位海洛因」來報導「網路成癮」的現象。

當然，其他如酒癮、菸癮、毒癮也都是相類似的情況。另外一種相類似的狀況是，人處在高壓狀況下會特別想吃甜食，或者碳水化合物來紓壓，這也是有神經生理背景因素存在。人類身體為了有抗壓的能量，血中的腎上腺素和升糖激素會大量分泌，代謝分解後釋放能量，以迅速應付外在的壓力。和脂肪及蛋白質比較起來，澱粉或精緻糖類經由代謝分解，更可以迅速提供身體所需要的能量，用來應付外在壓力。因此，當在壓力下，攝取過量的碳水化合物和對甜食的渴望，一如重度使用網路，造成「網路成癮」，都是身體對抗壓力的自然反應。

想要去除成癮行為，必須找出背後潛藏的身心壓力、心理問題、或精神疾患，予以適當診療。再配合規則作息，減輕身心壓力、早睡早起，遠離3C產品如手機、平板和電腦，加上適度運動、清淡飲食，生活平衡，情感支持，人際互動，自然而然能夠早日遠離「網路成癮」的束縛，自由自在。

23

中年失業的茫然危機

瀚祥（化名）原本有個固定而且非常穩定的工作，長期以來，他都是在傳統產業製造工廠任高階主管職。已經五十歲的他，從來沒有換工作的念頭，更別說是轉換跑道的可能性，他覺得只要能夠再努力個十年，等到三個小孩都長大，至少都上大學了，肩上的壓力就能卸下來。

卻沒料到，這幾年因為整個大環境不景氣，傳產工廠的利潤一年不如一年，產值也跟著不斷下降。去年九月，老板竟然無預警關閉工廠，同時資遣所有的員工。其實前幾年他就感覺到了，也時常擔心得睡不好，還曾斷斷續續的到醫院看診拿藥，太太總要他別杞人憂天，放寬心日子才能過下去，而他也一直不肯去面對這早晚會發生的事。

只是當這一天真的到來，必須面對時，讓他完全措手不及，根本不曉得該如何反應，因為憑自己的年紀要再找到新工作是一件很不容易的事，在人力資源的市場上，很多資方只要一看到年齡層那欄，根本連面試的機會都沒有，更遑論是下一步了，瀚祥自己在工廠管理多年，對於這點，他還是具有一定的了解。

領了遣散費後，他不願意四處碰壁去求職，整日躺在客廳沙發上愁眉不展。自起床後，整個人情緒都不對，就連孩子和他多說幾句話，甚至是向他道早安，他都覺得不耐煩，沒來由的想發脾氣，敏感的孩子都能感受到爸爸的起床氣，也不敢多說什麼，只能吃完早餐快速的去上學，免得無端被爸爸責罵。

其實不是他不想和家人以及孩子好好說話，只是因為壓力的緣故，現在每天只能睡四、五個小時，一旦半夜兩、三點醒來，便很難再入睡。腦子裡像是工廠裡高速運轉的機器一樣，各種紛亂雜沓的想法不斷在他腦海中閃過，折騰到他完全停止不了。

即使是睡著的期間也是一直頻頻作夢，不是夢到過去的工作，就是夢到房貸付不出來，孩子的升學被迫中斷……，常常一覺醒來，感覺更為疲累，白天也總是處於精神不濟的狀態。加上天氣熱，無論白天還是晚上都睡不好，失業的壓力讓他變得不愛說話，不但食慾不振，也瘦了好幾公斤，經常一個人待在家裡的陽台抽菸，幾乎一天就可以抽完一整包。

太太擔心他一個人在家無所事事，反而會讓情緒更加不好，要他幫忙做點家事，打掃整理一下家裡，至少可以打發時間，當做排遣。不過他個性急，很容易不耐煩，常常做沒多久就撒手不管了，放著紊亂的環境視而不見。

他覺得非常無助和迷茫，對於未來根本看不到一點希望，三個孩子都還很小，老大今年剛上大學，還未成年，最小的兒子也才上小學六年級，他不知道光靠太太一個人的薪水，和他們為數不多的存款可以支撐多久，但是又不知道可以做些什麼來改善目前的窘境。

太太鼓勵他，或許可以把家裡的存款拿出來讓他創業，可能會有其他的出路。他感到遲疑，也相當害怕，他這一輩子幾乎都在傳統工廠裡度過，從事的也都是和製造或是工程相關工作，哪有什麼創業經驗呢？更何況，他也不曉得自己能夠做什麼，萬一失敗了，把存款都花光，那麼他們一家子以後的路又該怎麼走？

瀚祥意志消沉的在家裡待了大半年，終日渾渾噩噩的，最後是七十多歲的老母親看不下去，把他劈頭痛罵了一頓，他才試圖振作起來，拿著向媽媽借的錢和家裡的部分存款，開了一家小小的麵店，找了一個市場附近的店面，做起生意來。

他完全沒有從事餐飲服務業的經驗，對於烹飪也不是非常拿手，只是覺得煮麵相對來說比較簡單容易，門檻或許比較低。結果，隔行如隔山，事情並不如他所預期的那樣順利，除了他很難放下過去曾是主管的身段去服務客人，加上他廚藝不精，動作不夠嫻熟，店裡的來客不多，生意也一直平平，沒有太大起色。

望著三三兩兩的客人，想到每個月都得固定支付的店租和水電費用，瀚祥心裡充滿了無力感，不斷自責。最近他甚至沮喪到關店休息兩個星期，他覺得自己根本沒有存在的價值，即使背負著大家的期望出來創業，他都做不好，甚至還會有輕生的念頭。

幸好他是責任感很重的人，要他把爛攤子全部丟給太太，他是做不到的，加上三個孩子還小，如果他真的死了，他們未來該怎麼面對人生呢？更何況，開店還有媽媽的幫忙，就算要死，也得先還清向媽媽借的錢。

日子再難，總還是要過下去，只是瀚祥依舊吃力的，一邊努力振作自己，想辦法改善店裡的營業狀況，一邊又偷偷背著太太，私下去身心科看診。在這種絕望的處境中，他不曉得他們一家何時才能重見陽光？

評析

中年失業對於很多家庭來說，都是一種相當沉重的打擊，尤其是扮演家庭經濟支柱的一家之主，其內心的壓力非一般人所能想像。許多失業的中年族群，經常惶惑不解，為公司效命了十幾二十年，負責盡職，卻不明白自己為什麼被解雇；再來就是擔心未來，上有父母下有小孩，仔細一算，至少還要再工作十五年，才能卸下重擔，真正退休，然而眼下工作，卻毫無著落，令人寢食難安。

中年失業，是人生重大的危機，無論是被資遣或是開除，許多人會陷入茫然無助的狀態，在心理上，都會歷經五個痛苦的階段。

第一階段：否定期。剛開始的時候，還會覺得一如往昔，沒什麼異狀，但就是無法相信擺在眼前被開除或資遣的事實，當失去的工作衝擊越大，經歷的否定期，通常就會越長。

第二階段：協議期。大部人在這個階段，都會思考：「如果之前我做得很好，可能就會被留下來」，這樣不夠成熟的思考模式，是用來獲得心理上的安慰。

第三階段：憤怒期。當事者會認為自己的生活被毀了，氣憤他人，從易怒到憤怒，怒氣衝天，橫掃全家，對外人也超不友善。

第四階段：沮喪期。指責別人令我們憤怒，接下來則會責備自己，這就讓人沮喪。在此一階段，容易自我批判、挑戰自尊，面對失落感覺無助、茫然悲傷、痛苦難過。

第五階段：接受期。此時期比較能夠清晰理性的看待人生，不會一直認為失業是自己的過錯，理解很多情況，並非自己能夠完全掌握，事情一旦發生，雖然令人痛苦，但是還是必須面對及接受，尋找下一個努力的新目標。

對於失業的中年族群，當面對職涯轉換時，心理層面會出現結束期、空窗期、開啟期。一、結束期：你最終還是必須對原來的工作放手，不論你心裏還有什麼想法，這都只會妨礙你轉換新工作的進度。二、空窗期：當揮別過去的工作後，空窗期可能是困惑與恐懼的，可能會有要崩潰或發狂的感覺，對前途未知，對新工作感到神祕，令人既驚又怕。三、開始期：歷經前兩個時期後，面對新工作的正式開始，勤勉工作會令人更堅強，更睿智；努力奮鬥，會讓人具有更投入，更活力的生命態度，開始另一段新的人生。

中年失業所面對的茫然危機，將歷經心靈煎熬的五個階段。進一步尋找新的工作，轉換職涯時，又需通過三個時期，這些都需親身經歷和體驗，如若失業後的職業轉換，受大環境經濟影響，不如人意，不夠順利，切勿失去鬥志，喪失信心，感到沮喪，深陷憂鬱困境。需要學習反省成長，低頭彎腰，和善謙卑，勇敢離開舒適圈，挑戰內心的魔障，方能度過此一人生難關。

附錄

心情溫度計

資料來源：財團法人臺灣自殺防治學會
全國自殺防治中心

什麼是「心情溫度計」？

心情溫度計為簡式健康量表（Brief Symptom Rating Scale，以下簡稱BSRS-5）的俗稱，主要在作為精神症狀之篩檢表，目的在於能夠迅速了解個人的心理照護需求，進而提供所需之心理衛生服務。與其他篩檢量表相比，心情溫度計具備有簡短、使用容易之特性，研究結果更顯示心情溫度計在社區大規模調查中仍具有良好之信效度。

如何善用「心情溫度計」？

在我們關心他人的過程中，常常遇到對方有情緒的困擾，卻不知他們困擾的程度，心情溫度計可幫助我們具體地了解對方的心情，同時也可幫助對方釐清他們情緒困擾的程度，並且可以根據得分結果做適當的處理。心情溫度計為一自填量表，可以幫助我們了解自己的心情狀態，也可以用此量表主動關懷週遭的人，建立起自我健康管理的習慣。

「心情溫度計」適用的年齡層？

心情溫度計是主觀自填的量表，所以只要被測量者可以識字，一般經驗小學以上的人，均可以順利的填寫量表。

「心情溫度計」除了自填，還可以怎麼應用？

只要對方的回應可以回覆原本的問題，便可將心情溫度計之敘述方式，換成自己的話來詢問，例如詢問「睡眠困難，譬如難以入睡、易醒或早醒」的問題時，可以先問對方「最近睡眠的狀況好不好」，再根據對方回答的狀況判斷分數。雖然心情溫度計（BSRS-5）原設計為一自填量表，但也可經由電話訪談，因此對於認識中文字或聽懂中文發音者均能適用。

心情溫度計除了紙本的版面，有網路行動版嗎？

目前「心情溫度計APP」IOS及Android系統之已正式上線並提供免費下載，歡迎擁有智慧型手機、平板的用戶踴躍下載，並協助轉發推廣。APP版本不只提供心情的檢測及分析建議，更提供了全國心理衛生資源及心理健康祕笈（系列電子書），掃描QR Code就可以下載。

心情溫度計APP

心情溫度計

簡式健康量表

請仔細回想一下，最近一週中（包括今天），這些問題使你感到困擾或苦惱的程度，然後圈選一個最能代表你感覺的答案。

	完全沒有	輕微	中等程度	厲害	非常厲害
❶ 睡眠困難，譬如難以入睡、易醒或早醒	0	1	2	3	4
❷ 感覺緊張不安	0	1	2	3	4
❸ 覺得容易苦惱或動怒	0	1	2	3	4
❹ 感覺憂鬱、心情低落	0	1	2	3	4
❺ 覺得比不上別人	0	1	2	3	4
★ 有自殺的想法	0	1	2	3	4

前五題總分

0-5 分 一般正常範圍

6-9 分 輕度情緒困擾，建議找親友談談，抒發情緒

10-14 分 中度情緒困擾，建議尋求心理衛生或精神醫療專業諮詢

15 分以上 重度情緒困擾，建議尋求精神醫療專業諮詢

★ **有自殺的想法**

本題為附加題，若前五題總分小於 6 分
但本題評分為 2 分以上（中等程度）時，建議尋求精神醫療專業諮詢

網路使用習慣自我篩檢量表

資料來源：衛生健康福利部
心理及口腔健康司

簡介

本量表可採紙本或網路填答方式進行，主要提供一般大眾自我篩檢使用，以瞭解網路族群的網路使用沉迷傾向。

填答說明

下頁是一些有關個人使用網路情況的描述，請評估你最近六個月的實際情形是否與句中的描述一致。請依照自己的看法來勾選。由1至4，數字越大，表示句中所描述的情形與目前你實際的情形越相像。

計分方式

- 本簡易量表切分點適用對象為國小三年級至大學之學生（十歲至二十五歲）。
- 篩檢切分點：11分或以上（高使用沉迷傾向）。
- 本量表可供一般大眾自我篩檢使用，惟篩檢切分點僅供參考。

網路使用習慣自我篩檢量表

	極不符合	不符合	符合	非常符合
❶ 想上網而無法上網的時候，我就會感到坐立不安	1	2	3	4
❷ 我發現自己上網休閒的時間越來越長	1	2	3	4
❸ 我習慣減少睡眠池間，以便能有更多時間上網休閒	1	2	3	4
❹ 上網對我的學業已造成一些不好的影響	1	2	3	4

結果說明

適用對象總分超過11分者即可能具有高度網路沉迷傾向，建議可進一步尋求專業協助，瞭解使用網路之情形與評估相關心理症狀。一般大眾不適用篩檢切分點，若對於量表結果有疑慮，請洽各縣市心理衛生中心，或諮詢相關醫療院所、心理治療所及心理諮商所。

各縣市社區心理衛生中心

縣市	電話	地址
台北市	02-33936779#11	台北市中正區金山南路一段 5 號
新北市	02-22572623	新北市板橋區英士路 192-1 號
台中市	04-25155148	台中市豐原區瑞安街 143 號
台南市	06-3352982（林森） 06-6377232（東興）	台南市東區林森路一段 418 號 台南市新營區東興路 163 號
高雄市	07-3874649~50	高雄市三民區大順二路 468 號 8 樓 -2
宜蘭縣	03-9367885	宜蘭縣宜蘭市女中路二段 287 號
基隆市	02-24300193~5	基隆市安樂區安樂路二段 164 號 5 樓
桃園市	03-3325880	桃園市桃園區縣府路 55 號
新竹縣	03-6567138	新竹縣竹北市光明七街 1 號
新竹市	03-5234647	新竹市集賢路 3 號
苗栗縣	037-332565 037-332621	苗栗縣苗栗市國福路 6 號

各縣市社區心理衛生中心

縣市	電話	地址
南投縣	049-2205885	南投縣南投市復興路 6 號
彰化縣	04-7127839	彰化縣彰化市中山路二段 162 號 2 樓
雲林縣	05-5370885	雲林縣斗六市府文路 34 號
嘉義縣	05-3621150	嘉義縣太保市祥和二路東段 3 號
嘉義市	05-2328177	嘉義市德明路 1 號
屏東縣	08-7370123	屏東縣屏東市自由路 272 號
台東縣	089-336575	台東縣台東市博愛路 336 號
花蓮縣	03-8351885	花蓮縣花蓮市林森路 391 號
澎湖縣	06-9269051	澎湖縣馬公市中正路 115 號
金門縣	082-337885	金門縣金湖鎮中正路 1-1 號 2 樓
連江縣	083-626643	連江縣南竿鄉復興村 216 號

I　健　康　055

情緒壓力診療室

國家圖書館出版品預行編目（CIP）資料

情緒壓力診療室／夏一新著 . -- 初版 . -- 臺北市：健行文化出版事業有限公司出版：九歌出版社有限公司發行，2021.09
240 面；14.8×21 公分 . --（I 健康；55）

ISBN 978-986-06511-6-4（平裝）

1. 壓力　2. 心理治療　3. 個案研究

176.54　110010299

作　　者——夏一新
責任編輯——曾敏英
發 行 人——蔡澤蘋
出　　版——健行文化出版事業有限公司
臺北市 105 八德路 3 段 12 巷 57 弄 40 號
電話／ 02-25776564・傳真／ 02-25789205
郵政劃撥／ 0112263-4
九歌文學網　www.chiuko.com.tw
印　　刷——晨捷印製股份有限公司
法律顧問——龍躍天律師・蕭雄淋律師・董安丹律師
發　　行——九歌出版社有限公司
臺北市 105 八德路 3 段 12 巷 57 弄 40 號
電話／ 02-25776564・傳真／ 02-25789205
初版一刷——2021 年 9 月
定　　價——300 元
書　　號——0208055
I S B N——978-986-06511-6-4